Antonio Sonsin

**Cuba
O último reduto da liberdade**

Bragança Paulista -2020

Cuba – O último reduto da liberdade

Fotos – Antonio Sonsin

Revisão – Paloma Oliveira

Edição, diagramação – Antonio Sonsin

Capa- Auana Sonsin

Escrito por Antonio Sonsin, fevereiro e março de 2020

revistaverdade@yahoo.com.br –11-998425611–Bragança Pta.

Direitos autorais registrados - Safe Creative

S698c   Sonsin, Antonio Francisco, 1958

Cuba- O último reduto da liberdade / Antonio Francisco Sonsin.

Bragança Paulista -SP- Brasil

2020.

116 p. 14X21

ISBN 9798628330579

Reportagem, crônica, política.

2020. 1. Cuba. 2. Reduto da liberdade.

1-Título.2-Autor

CDD 070-4

CDU 32

Prefácio

Passados sessenta anos de sua revolução, Cuba permanece um tema polêmico, mesmo com sua pouca relevância no cenário geopolítico atual, por ainda ser um estandarte ideológico ostentado por uns e combatido por outros.

Quando Sonsin me falou que iria viajar à ilha, no início de 2020, eu já tinha comprado minha passagem para alguns meses depois. Tomando um café, lamentamos a impossibilidade de fazermos tal viagem juntos e combinamos que, já que isso não aconteceria, poderíamos escrever nossas impressões em um trabalho conjunto. Uma pandemia frustrou nossos planos.

A experiência cubana causa reações variadas. Por um lado, se a ideia de um sistema com educação e saúde inclusivas, gratuitas e de qualidade é sedutora, por outro, a carência material e a repressão às opiniões divergentes causam aversão. Mas tal confronto não oferece a maior dificuldade racional, embora não seja pequeno o dilema que propõe. Resta uma questão ainda mais sutil: o sistema cubano é defensável dentro das condições dadas? Em qual medida o embargo é responsável pelas penúrias materiais de seu povo e quanto serve de muleta para as ineficiências do regime em lidar com todo o leque de necessidades de seus cidadãos? Além disso, como lidar com novas gerações, para quem a luta contra a ditadura de Batista não é nada mais que matéria escolar, que ambicionam progresso econômico e realização de sonhos, fúteis ou não?

A realidade da ilha é instigante como as entrelinhas de um romance de Leonardo Padura, cujos personagens transitam pelos assentamentos miseráveis da periferia de Havana, aludem à outrora forte perseguição a homossexuais e conversam sobre suas frustrações pessoais, ao mesmo tempo em que transpiram seu amor pelo país, deixando no ar tantas perguntas.

Sonsin, além de fotógrafo com olho agudo, tem suas convicções e nenhum receio de expô-las e defendê-las, como sempre o fez em toda sua vida. Não seria diferente ao falar de Cuba. Relatos de viagem sempre são estímulos agradáveis e o de meu amigo está aí, para concordarmos ou discordarmos.

Márcio Celestino Faria
Escritor, Advogado, Oficial de Justiça.

Em 1976 o jornalista Fernando de Moraes escreveu "A Ilha - Um Repórter Brasileiro no País de Fidel Castro". Eu comprei o livro no lançamento, nessa época com dezessete anos, cursando o primeiro ano de faculdade e aguardei quarenta e quatro anos até poder ir para Cuba e conhecer a tal ilha.

Eu nasci no interior do Estado de São Paulo em outubro de 1958, portanto tenho praticamente a mesma idade da revolução cubana.

Natural de Bragança Paulista comecei a estudar aos seis anos de idade num Grupo Escolar perto da casa de minha avó materna. Meus pais diziam que era melhor, pois eu poderia ir e voltar sozinho. Ali por perto, a cerca de duzentos metros existia uma praça onde eu normalmente ia para brincar com outras crianças e na esquina da igreja, um bar, onde quase todos os dias eu passava para comprar balas, com os trocados que meus avós me davam. Na porta daquela igreja sempre tinha um homem de preto, com chapéu desbotado, cheirando a vela queimada e bolor de guarda-chuva, quando molhado e guardado por muito tempo. Era um velho estranho, mas eu não tinha medo, só um pouco de nojo. Do alto dos quatro degraus da entrada da igreja ele sempre gritava, "ei, moleque, venha aqui, pegue isso e leia". Era uma tira de papel sulfite mimeografado, com uns quatro centímetros de altura, onde se lia: "o comunismo está invadindo o Brasil, reze 3 Ave Marias e 1 Padre Nosso". Após a entrega ele nos dizia em voz baixa, quase resmungando: "tem que rezar, eles já estão em Cuba e Cuba é a casa do diabo."

Eu nunca rezei, nem sabia, mas causava-me uma curiosidade imaginar como seria a casa do diabo. Isso foi em 1965.

Cresci na ditadura causada pelo golpe militar de 1964. O golpe patrocinado pelos EUA, que segundo diziam, era o paraíso e ao contrário de Cuba, a terra do diabo, não existia pobreza. Todo mundo tinha comida, moradia, estudos e saúde, o melhor lugar do mundo, ao contrário, é claro, de Cuba, onde todos morriam de fome e quando reclamavam iam para o paredão, onde Fidel passava dias inteiros fuzilando pobres famintos entre baforados de charutos e copos de rum.

Demorou um tempo até que eu começasse a perceber onde realmente morava o tal diabo. Quem eram os verdadeiros assassinos, onde se passava fome, onde a saúde dependia de muito dinheiro e a segurança pessoal não existia.

Já estávamos nos anos de 1970, quando um professor de geografia, que falava de tudo, começou a nos ensinar as diferenças entre o socialismo e o capitalismo e nessa época comecei a me interessar pela política. As informações sobre Cuba e União Soviética ainda eram produzidas pela propaganda norte-americana e é claro, com fotografias onde o comunismo era representado por uma velha de bigode ralo com cara de bulldog, uma sacola vazia na mão esquerda e um filão de pão — que era um por semana — embaixo do braço direito. Essa imagem criada pelo *marketing* anticomunista também nos passava a ideia de quanto nossos generais entreguistas eram bons ao terem evitado que nosso país tivesse que passar por isso. Pelo menos eles imaginavam que todos eram idiotas por igual. A ignorância assim como a pobreza poderiam ser socializadas junto com o medo!

Foi somente em 1976, quando eu já cursava o primeiro ano da faculdade de psicologia, que Fernando Moraes lançou seu livro "A Ilha" sobre Cuba, o país até então desconhecido pela maioria de minha geração.

Nessa época, principalmente a partir de 1970, enquanto brasileiros movidos pela propaganda golpista de 1964 demonizavam Cuba, o governo militar torturava crianças de um ano e meio com choques elétricos, como foi o caso de Carlos Alexandre Azevedo, que nunca se recuperou e acabou se suicidando quando adulto, estupravam meninas bonitas sob a alegação de serem militantes de esquerda, ainda que nunca tenham sido nada, enforcavam jornalistas e davam sumiço em corpos de deputados interrogados nos porões do Departamento de Ordem Política e Social. E esse era o país perfeito, democrático e humano para a maior parte de brasileiros ignorantes e subservientes.

Nessa mesma época o Brasil através de seu governo golpista ditatorial começou a reduzir a qualidade do ensino, que no governo Getúlio Vargas tinha dado um salto qualitativo, com o projeto de Capanema, a ponto de produzir em meados da década de 1960 uma geração pensante e atuante. Mas não ficava só nisso, nessa década começou a se alastrar pelo Brasil as religiões da prosperidade, os neopentecostais, munidos de bíblias e da chance da riqueza em vida, para quem contribuísse e se mantivesse disponível para a luta contra o satanás.

Esse projeto de deseducar e adestrar criou décadas depois um país onde quase doze milhões de pessoas, a população de Cuba em 2020, acreditam na Terra plana, cerca de sessenta milhões acreditam em seus pastores e, a igualdade de oportunidades dá lugar a uma meritocracia teocrática e prejudicial. Onde preconceitos superam a ciência e a fome se torna sinônimo de marginalidade. Em 1979 observei o início dessas mudanças e escrevi em um jornal de minha cidade. Repeti o assunto várias vezes, sempre alertando sobre os perigos da situação, mas sempre sendo rechaçado por pensadores momentâneos que jamais enxergaram o futuro, pois não viam o crescimento da ignorância fundamentalista, vedados pela própria ignorância.

E assim fomos caminhando, imaginando e fantasiando sobre Cuba até a queda do muro de Berlim e a dissolução de várias alianças, quando Fidel perdeu a ajuda de seu maior aliado, a URSS e o mundo aguardava o fim da Ilha, mas o líder revolucionário abriu o país para o turismo e hoje, Cuba deve capitar mais do que recebia de ajuda dos soviéticos, mas é claro, isso tem um preço, ou terá e é difícil mensurar quanto o sistema cubano perderá socialmente com o turismo, embora economicamente seja positivo.

Não é minha intenção tratar de dados numéricos exatos, nem importa nesse capítulo da história, mas estima-se que a arrecadação anual do turismo gira em torno de três bilhões de dólares. Mais do que o dobro do que o país recebia quando da existência da cortina de ferro.

Assim, no dia 7 de fevereiro desse ano (2020), resolvi finalmente conhecer a ilha que, segundo informação de cristãos locais, lá em 1965, quando eu tinha seis anos, era a residência do demônio.

O que eu conhecia de Cuba era muito pouco e

graças ao advento da *Internet*. O sistema "castrista" de governo ainda é pouco discutido num país onde a ignorância e as falsas notícias se sobressaem à verdade.

Sabemos um pouco da educação, da saúde, da segurança, sabemos também um pouco da história, mas o conhecimento só se materializa quando nos é apresentado formalmente.

Procurei informações sobre Cuba e o que levar na viagem. As informações que encontrei na *internet* me fizeram levar três rolos de papel higiênico e três sabonetes. Como idiota, acreditei no que diziam vários sites. Não tem sabonete. Mentira. Não tem papel higiênico em Cuba e a água dos chuveiros nos hotéis são sempre frias. Outra mentira.

Saí do Aeroporto Franco Montoro, Guarulhos, aos vinte minutos do dia 8 de fevereiro chegando na cidade do México às seis e meia, no horário local, onde esperei por cerca de quatro horas e meia até embarcar para Havana, em um voo lotado de turistas e alguns cidadãos cubanos. Às duas horas locais estávamos aterrissando e em poucos minutos passei pela alfândega, sem contratempos. Mochila na esteira, bolsa com equipamentos fotográficos e relógio, celular e outras bugigangas que estavam nos bolsos. A moça apenas pediu para tirar os sapatos e colocá-los também na esteira.

Já no saguão do aeroporto procurei o translado e nada, aproveitei para trocar 600 euros por CUCs, uma das duas moedas em circulação em Cuba.

O CUC é o Peso Conversível, equivalente a um dólar, porém deve ser trocado por Euros, para não pagar uma taxa. A outra moeda é o CUP, o Peso Cubano, que paga salários, impostos e quase tudo o que é comprado pelo povo da Ilha. Para diferenciá-los é importante levar em conta que o Peso Conversível vem com estampas de monumentos, enquanto o Peso Cubano tem estampas de heróis da revolução.

Como o translado não estava a postos, fui até a central de turismos estatal, que ficava na frente do aeroporto e bastava atravessar a rua, e ali a atendente, depois de conversar com duas amigas, me colocou em um dos ônibus chineses, novinho, que me deixaria no hotel.

O cubano gostava de conversar, aprendi ali mesmo, ele sempre irá te tratar bem, mas antes terminará o que estava fazendo. Nos dias a seguir vi cena parecida acontecer. No café, na recepção do hotel, na feira, fosse onde fosse, não adiantava pressionar. Cada coisa em seu momento, isso faz parte da cultura local.

No dia seguinte, em uma feira próxima ao hotel, até aproveitei para cortar o cabelo. Isso foi uma tarefa que levou quase duas horas, sim tinha uma pessoa terminando seu corte e outra na minha frente, no salão com três barbeiros, um deles era especialista em cortes com desenhos e bordados, tinha à sua frente uma bandeira brasileira, pela qual o interroguei, e ele me disse que era pura admiração pelo país, as praias, o futebol, a música e as mulheres lindas, ainda me mostrou uma capa de celular, também com a bandeira brasileira.

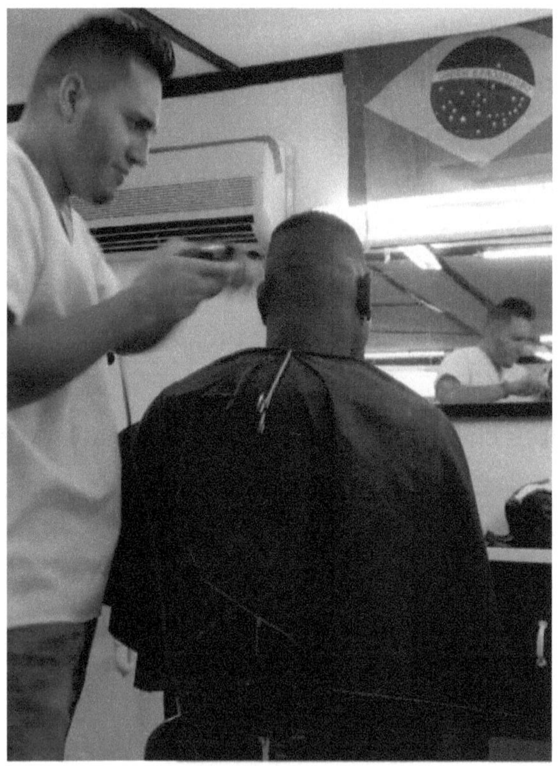

Salão de barbeiro na periferia

O outro barbeiro era também um *designer* de cortes e não era meu caso, já o terceiro com mais idade, mais tradicional, cortava com calma, conversando com todos enquanto trabalhava e cuidando dos mínimos detalhes, depois cinco minutos de massagem nas costas e mais cinco de massagens no couro cabeludo. Tudo isso por um CUC para estrangeiro, ou 25 centavos de CUP para moradores. Importante salientar que o CUP equivale a 1/25 de um dólar. Por aí dá para se fazer um cálculo do custo.

Nos quinze dias que fiquei em Cuba, onze em Havana e quatro em Varadero, andei muito a pé, eu queria conhecer a cidade, seu povo, algumas reações e ter impressões próprias a respeito da qualidade de vida e do comportamento do povo com relação ao sistema de governo.

O fato de andar muito a pé, conversar muito e fotografar tudo acabou chamando a atenção de alguns guardas e atiçando a paranoia de alguns militares.

Na terça-feira, dia onze, após andar muito por Habana Vieja voltei ao Hotel por volta das cinco horas da tarde, tomei um banho e deitei-me para descansar, quando alguém bateu na porta, era a moça da limpeza que me informava que meus amigos me esperavam lá embaixo, na recepção. Eu lhe disse que deveria ser algum engano, pois não conhecia ninguém em Cuba, ainda assim disse-lhe que trocaria de roupa e desceria. E assim o fiz. Ao chegar fui recebido por três homens, dois civis e um militar, que não abriram a boca. Um dos civis pediu-

me para segui-los até uma sala reservada, onde ao che-
garmos fechou a porta e me pediu o celular, levando junto com o dele para outra sala.

Frota de ônibus chineses

Começaram me perguntando o que eu fazia ali, porque fotografava tanto e com quem já havia conversado. Percebi na hora a paranoia. Eu estava em um hotel onde se concentravam dezenas de professores que participavam de um encontro internacional de educação e eles, é claro, estavam receosos por um atentado. Expliquei de onde eu era, mostrei que tinha sido membro de um partido comunista e qual era meu objetivo. Pediram-me para ver algumas fotos que eu tinha feito e em seguida se desculparam me desejando uma boa estada.

Não cheguei a me preocupar em nenhum momento, pois apesar da paranoia em nenhum momento transmitiram hostilidade. Na verdade, eu tinha certeza de que tudo fora relato de um guarda ao me ver fotografando uma fileira de ônibus, que para mim tinha apenas um sentido plástico, mas para eles poderia ser parte de um atentado. Não era normal um turista naqueles lugares.

A história de Cuba é conhecida, séculos de escravidão até se tornar uma ditadura de Batista, onde o povo não tinha direitos, produtores de açúcar e fumo repartiam os lucros com donos de cassinos e grandes prostíbulos.

Um povo escravo, analfabeto e explorado, até que os irmãos Castro, mais um grupo de amigos resolveram fazer uma revolução e tomar o poder, o que não foi difícil perante a situação de penúria do povo.

Cuba desde o início do século XX era administrada e mantida como quintal dos EUA, tornando-se dependente de tudo, da educação precária e para poucos, ao fornecimento de petróleo, até que em 1961, dois anos após a derrubada de Batista, os norte-americanos, descontentes com a perda do poder na ilha, resolveu congelar todas as importações e comércio com os revolucionários.

Fidel, Camilo, Raul, Ernesto

Eram pouco mais de cinco milhões de moradores sem rumo que aos poucos viam os bens de consumo sumirem e suas vidas em risco iminente, até que no mesmo ano Fidel se aproximou da URSS e temos aí o nascimento da Cuba socialista, ponto em que acontece uma nova e surpreendente revolução, desta vez com a fuga em massa dos milionários para Miami, deixando os bairros nobres da burguesia cubana abandonados como cidades fantasmas.

Joias, obras de arte e muitos dólares foram

enterrados ou colocados em falsas paredes, para que na volta — eles sonhavam com um governo passageiro —, tivessem tudo novamente e voltassem aos dias de glória, de exploração sexual e grandes cassinos capitaneados pela Máfia e empresários de boas famílias.

Foto do Pravda, URSS, chegada de Fidel a Moscou. 1963

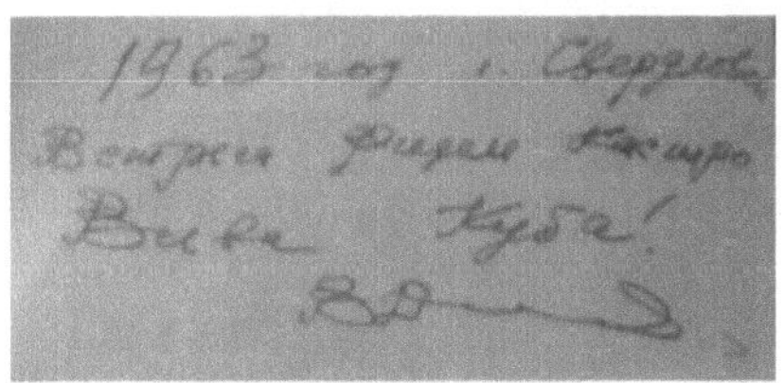

Assim todos os imóveis foram expropriados pelo novo governo e as casas abandonadas foram ocupadas pelo povo, de acordo com normas editadas de última hora.

Quando Fidel tomou posse, o turismo, que

era uma grande fonte de rendas vai diminuindo e cessa totalmente quando se decreta o estado socialista. Não só pelo medo, mas pela falta de atrativos como os cassinos, os grandes bordéis, as drogas, etc.

Além do desinteresse dos turistas, o caso envolvia a vontade do governo revolucionário e o medo de uma invasão, evitando agentes norte-americanos, principalmente da CIA.

Traficantes e proxenetas foram presos com os traidores, assassinos, estupradores, estelionatários e outros bandidos populares. Muitos vão para o famoso paredão e o cenário criado desestimula o crime organizado.

Foi promulgada nessa fase a lei da reforma urbana, onde todo mundo que é dono da casa ou terra, no caso de chácaras e sítios, onde vive, até uma determinada medida ficaria com a posse de sua propriedade.

Empresas estrangeiras, e latifundiários tiveram seus bens expropriados, assim como grandes locadores de imóveis. 70% das terras, ainda hoje estão na posse do estado.

Hoje o direito de propriedade continua existindo, ao contrário do que pensam a maioria das pessoas aqui no Brasil, o cubano tem a posse de sua casa, seu negócio, seu carro, ou sua propriedade rural. Os grandes hotéis — e hoje existem dezenas sendo construídos, principalmente na área litorânea —, são propriedades particulares em sociedade com o estado. Neles também o povo cubano tem direito a usufruir em suas férias. No hotel que fiquei em Varadero, cerca de 50% dos hóspedes eram cubanos. No hotel em Havana, por conta do encontro internacional de educação, a ocupação era de 80 % de cubanos, principalmente professores e alunos, vindos de todas as partes de Cuba. Ali no saguão fiz amizade com uma aluna e três professoras que vinham de Santiago para passar a semana discutindo a educação da próxima década.

Local onde funcionou o famoso "paredão de fuzilamento" contra os bandidos e traidores.

Educação e cultura são levadas a sério. A TV

Cubana tinha um programa específico para a programação cultural do dia seguinte e uma espécie de agenda de acontecimentos, que ia de exposições de arte, a danças, palestras, noite de autógrafos a encontros de música típica e "Criola", etc.

A descendência Criola ou Crioula, no Brasil promove uma série de eventos diários que envolvem a religião, música, culinária e moda, cara por sinal, mas muito bonita.

Na culinária, a comida "criola" tem destaque especial e se mistura com a cozinha espanhola englobando os produtos mais característicos de Cuba.

O ajiaco, o tradicional cozido espanhol com um colorido cubano é um bom exemplo. Cozinham-se as carnes com produtos da terra como a batata, a iúca, o inhame, a batata-doce, a banana, a abóbora e o milho. Sem deixar de lado a comida castelhana com grelhados e leitões assados, assim como da cozinha andaluza, em pratos inspirados no tradicional caldo de perro de Cádiz. E isso convive com peixes e frutos do mar, além da tradicional comida chinesa, afinal são mais de duzentos mil chineses na ilha.

A moda cubana já invadiu a *internet* e está invadindo o mundo, tornando-se rapidamente produto de exportação, não muito barato, e faz parte dessa releitura da Ilha de Fidel. Junto com a moda, que entra no conjunto da exportação cultural, o mundo percebeu aos poucos que o diabo não era tão feio, como propagado nas últimas décadas e pelo contrário, o regime castrista, um híbrido de socialismo com capitalismo e muito improviso, de acordo com as necessidades, poderia ser uma solução mais humana e razoável para as sociedades atuais.

Por falar em alimentos, falemos também em *drinks*, que são o ponto forte dos fins de tarde, das noites e o sabor das praias cubanas. De "Cuba Libre, ao famoso Daiquiri, passando por Mojito e Pina-Colada, são as molduras especiais para os visitantes que se deslumbram com as paisagens naturais, velhos casarões e carros antigos."

Carros antigos, um show à parte. Mesmo sem peças originais eles restauraram grande parte dos carros americanos da Ilha e transformaram aquilo numa viagem aos anos 1950. Hoje esses automóveis fazem parte da paisagem e são fonte de renda para quem possui um. Até os Ladas, tão criticados aqui no Brasil, são indicadores de uma época de isolamento.

Táxis são carros modernos, a maior parte composta pelos novos modelos de Lada, Geely, Toyota, Renault. A empresa de táxi é estatal e quem entra para o serviço fica com a obrigação de cuidar da manutenção dos veículos e pagar ao governo cerca de vinte e quatro CUCs por dia, segundo me informou um taxista.

A empresa de taxis governamental

Uma corrida de quatro quilômetros que eu fiz várias vezes entre o Hotel Tulipan e Habana Vieja ficou em torno de doze CUCs.

Os "Coco taxis" são outro meio de transporte, algo muito similar aos Tuc-Tucs indianos. Minha experiência com eles não foi das melhores. Um dia me cobraram dez CUCs, da praça da revolução até o Capitólio, no outro o mesmo trajeto ficou em vinte CUCS. A mulher me falou que era culpa do taxímetro, mas ele estava desligado.

As charretes circulavam mais no Malecon (avenida da orla) e na Habana Vieja, são interessantes e conferem um tom bucólico para o centro antigo. Ainda que eu não ache muito agradável para os cavalos.

Também no centro antigo era comum bicicletas transformadas em Tuc-Tucs movidos a propulsão humana. Para quem não tem preparo físico para circular em todas as ruas de Havana antiga é uma boa solução, pois vão onde os carros não passam. Mas é bom combinar preços.

Pela simples observação descobri o quanto o embargo, imposto pelos Estados Unidos, eram nocivos, não apenas a Cuba, que se virava e substituía seus produtos, como aos países cujos governos são subservientes aos norte-americanos.

Morador da cidade de Bragança Paulista, no interior do estado de São Paulo, percebi o que minha região, a segunda mais pobre, do estado mais rico do Brasil, deixava de ganhar com o comércio exterior com Cuba. Vi isso apenas andando pelo comércio de Havana.

São milhões de dólares que deixam de circular em cidades num raio de cinquenta quilômetros da minha, do papel higiênico e cadernos produzidos aqui, ao chocolate, passando por produtos de higiene e limpeza que cidade de Amparo, a trinta e oito quilômetros, aos utensílios domésticos da indústria de Pedreira a outros alimentos industrializados na cidade mineira de Extrema, a vinte quilômetros, chegando às frutas de Atibaia.

No quesito frutas, pude perceber que embora exista o tal embargo, frutas como pera e uvas são contrabandeadas da Califórnia, o que me leva a crer que o capitalismo imposto pelo governo do norte, só prejudica mesmo os países do sul e mostra as incoerências de um capitalismo primário, apoiado por muitos empresários daqui, que fere seus próprios interesses. É ilógico acompanhar os EUA no embargo, enquanto os norte-americanos continuam vendendo sob forma de "contrabando permitido."

Como fumante, no segundo dia em Cuba, logo após o café da manhã, lembrei-me de comprar cigarro, mas nem precisei sair do hotel, ali mesmo eram vendidos juntos com as marcas cubanas, o *Hollywood* brasileiro, porém fabricado naquele país, numa empresa montada pelos ingleses, controladora da Souza Cruz, com o nome de Brascuba. Mais uma vez percebe-se que o embargo só afasta os subservientes aos EUA.

E não para por aí, em contrapartida à Coca-Cola, temos ali a Tucola. Além de outros refrigerantes, como o de Abacaxi e uma cerveja leve e refrescante, mesmo não sendo grande apreciador da bebida, notei um sabor mais agradável.

No quesito embargos, lembrei do livro do Fernando de Moraes, de 1976, e uma das coisas que me chamaram a atenção, já naquela época, foi a coragem de Peron, quando resolveu furar o bloqueio em 1974 e vender quarenta e cinco mil automóveis a Cuba. Como os carros eram produzidos por subsidiárias norte-americanas montadas na Argentina, Perón chegou ao ponto de ameaçar de nacionalização das fábricas e o negócio foi feito.

Hoje além da Lada, tradicional fábrica de automóveis Russa, circulam nas ruas de Havana, principalmente a Peugeot, Reunault, Geely, Toyota e Fiat, entre outras com menos volumes.

Cuba é a 138º maior exportadora do mundo e na economia mais complexa 75º de acordo com o Índice de Complexidade Econômico (ICE). Em 2017, Cuba exportou US $ 1,41 Bilhão e importou US $ 6,21 Bilhão. Em 2017, o PIB de Cuba foi de US$ 96,9 Bilhão e seu PIB per capita foi de US$ 8,43 Mil.

As exportações principais de Cuba são Açúcares de cana ou de beterraba e sacarose quimicamente pura, no estado sólido, Charutos, cigarrilhas e cigarros, de tabaco ou dos seus sucedâneos, níquel, sinters de óxidos de níquel e outros produtos intermediários da metalurgia do níquel, álcool etílico não desnaturado, com um teor alcoólico em volume inferior a 80 % vol; aguardentes, licores e outras bebidas e Crustáceos, vivos, frescos, refrigerados, congelados, secos, salgados ou; crustáceos com casca, cozidos em água ou vapor, mesmo refrigerados, congelados, secos, salgados ou em salmoura; farinhas, pó e pellets de crustáceos. Esse parágrafo, uma cópia de dados oficiais, foi apenas para dar uma ideia das exportações.

Os principais destinos de exportação de Cuba são a China, a Espanha, a Alemanha, a Indonésia e a Cingapura.

Trecho de Habana Vieja

As origens de importação de topo eram a China, a Espanha, o México, a Argélia e o Brasil até 2016. Não encontrei dados mais atualizados, porém, como eu já disse no início, não vem ao caso.

Apesar de Cuba ser um mercado em desenvolvimento, com um limitado poder de compra, o Serviço Agrícola do Exterior do Departamento de Agricultura dos

EUA (FAS/USDA) estimou que, caso não haja mais restrições nas vendas dos EUA a Cuba, as exportações agrícolas norte-americanas atingirão o valor de US$ 300 milhões por ano. Este valor poderia crescer para US$ 1 bilhão por ano dentro de cinco anos, de acordo com o FAS.

Segurança

A Revolução de 1959 exterminou as organizações do crime organizado, extirpando o mal pela raiz. Havana, como já falamos, era um dos centros internacionais da máfia: *poderosos chefões* passavam suas férias tranquilamente nos hotéis da capital.

O governo revolucionário, num processo paulatino, foi limitando a aquisição de armas de fogo a tal ponto que a única armaria pública que ainda restava na cidade agora era um museu.

Cuba jamais admitiria a possibilidade de um jovem armado abrir fogo em uma escola contra professores e colegas. Isso não era uma questão democrática relativa ao porte de armas, mas ao direito a vida.

Eu andei a noite por vários bairros de Havana, não vi nada que pudesse causar pânico, mesmo levando comigo a paranoia brasileira. Não andaria em São Paulo ou no Rio de Janeiro durante a noite, sem medo ou ansiedade. Não levaria carteira, celular e câmera fotográfica para o centro de São Paulo às dez horas da noite. Não faria isso sozinho.

Algumas zonas de Havana com toda a certeza deveriam ser mais perigosas, porém não a ponto de se temer pela vida, acredito.

Além da educação, da cultura e do nivelamento social, isso tem muito a ver com uma legislação rigorosa no que tange ao porte de armas. Cuba não está imune a pequenos roubos, agressões e golpes de malandros, mas dificilmente se perderá um ente querido por uma bala perdida.

Milhares de turistas são unânimes no elogio a segurança, muitas vezes melhor que em alguns pontos turísticos de Europa e sem dúvida nenhuma, em toda as Américas. Eu conversei com canadenses, franceses, alemães, espanhóis e chilenos, exclusivamente sobre o sentimento de segurança.

Eu cheguei a Varadero num domingo às duas horas e após deixar minhas coisas no hotel, fui até a praia, era só atravessar a rua. Nesse dia nem entrei na água, estava com câmera, carteira e outros objetos, como óculos, que não tinha onde deixar.

No dia seguinte, de volta a praia senti que havia levado muita coisa. Como deixá-las e ir dar um mergulho? Perguntei então a um funcionário do hotel se existia algum espaço para deixar minhas coisas e ele apenas apontou para minha cadeira.

Praia em Varadero

A segurança é total, "deixe tudo em sua cadeira" disse ele, "ou em sua mesa", o hotel tem mesas para os clientes. "Ninguém irá mexer em nada."

É claro que eventualmente pode acontecer algum infortúnio, mas não é o habitual. E nos dias que se seguiram, agi normalmente. O sentimento de segurança nos muda aos poucos. Nossas atitudes de prevenção são exageradas diante da educação do povo e o medo das leis.

Além da educação, a cultura atingiu níveis satisfatórios e as leis são cumpridas com todo o rigor, assim, com consciência coletiva ficava mais fácil imaginar a vida em segurança.

Como funciona a internet em Cuba?

Em Cuba o turista não encontra *internet* de graça, como acontece em hotéis, restaurantes, cafés e até praças ao redor do mundo.

Na Ilha para usar a rede *wi-fi*, você precisará pagar pelo cartão que lhe dá acesso à *internet*. O cartão vem com um número, que corresponde ao nome de usuário e outro que será a senha, custa 1 CUC, por hora e com ele você acessa a *internet*.

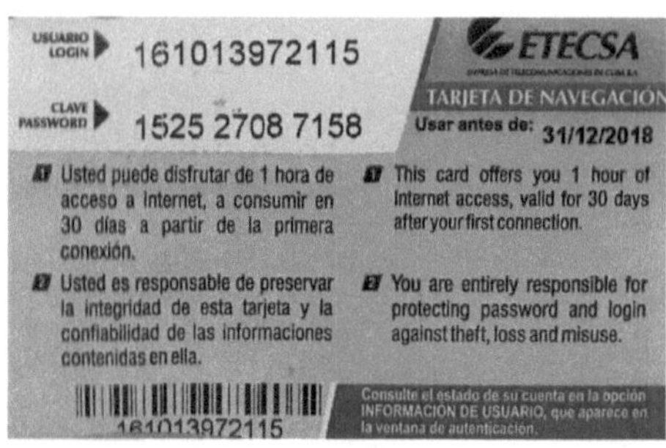

Comparado a Miami, Havana é um deserto da *Internet*, mas Havana pode ter conectividade sem fio 5G antes de Miami. Os projetos já estão em implantação e em breve estarão funcionando. A arquitetura 5G sendo implantada — mesmo com a política de embargo dos EUA —, será realidade e o calendário 5G favorece Cuba.

Embora nem todas as residências possuam *WI-FI*, Cuba não está distante da rede, como imaginam ou divulgam na mídia anticastrista.

Cuba está acima da média mundial no acesso à *internet* de acordo com o relatório, divulgado em janeiro de 2020, com 7,10 milhões de pessoas usando a rede, ou seja: 63% de sua população total. Existem 5,77 milhões de dispositivos móveis conectados à internet, o que corresponde a 51% da população cubana. São 7,70 milhões de usuários conectados a mídias sociais, o que significa que 68% da população da ilha estão interagindo com outras pessoas na *web*.

Crianças na internet – Livremente

Não há censura política. A única censura é quanto a pornografia que envolva menores ou violência.

Havana possui apenas uma empresa de telecomunicações, a ETECSA, mas abriga a SNET, a maior rede comunitária do mundo.

Hoje, o SNET é ilegal, mas tolerado, e se a ETECSA quisesse legitimar e colaborar com o SNET, seus membros poderiam desempenhar um papel na localização e instalação de pequenas células. O *status* legal da

SNET estava sendo reconsiderado e, quando Havana estive pronta para inaugurar o 5G, toda essa discussão aca-
bará.

       A proibição norte-americana contra a Huawei
oferece vantagens adicionais a Havana, uma vez que a
Huawei é líder mundial na produção de equipamentos de
telecomunicações para provedores de serviços com uma

vantagem confortável sobre seus concorrentes 5G, Nokia e Ericsson.

A Huawei forneceu quase toda a infraestrutura de Internet de Cuba, do seu *backbone*, aos pontos de acesso WiFi e DSL doméstico, e é quase certo que eles são o fornecedor de 5G de Cuba.

As companhias telefônicas chinesas com 1,58 bilhão de assinaturas de telefones móveis também influenciarão os padrões dos grandes clientes de equipamentos 5G.

Agricultura urbana

No lugar de terrenos baldios reservados para

especulação imobiliária, Cuba possuía hortas comunitárias. O país veio desenvolvendo desde 1991 um dos projetos mais bem-sucedidos de agricultura urbana no mundo. Havana, possui uma população de mais de dois milhões de pessoas, e é protagonista na agricultura urbana. A expressão "agricultura urbana em Cuba" é inclusiva, visto que ocupa extensões mais amplas, lotes urbanos e suburbanos.

Toda a área cultivável da província de Havana está ocupada com agricultura urbana. O desenvolvimento da mesma começou simultaneamente com o desaparecimento de petroquímicos, como fertilizantes e pesticidas, proibidos pelo embargo norte-americano. Consequentemente, a produção urbana utilizava apenas fertilizantes biológicos e técnicas de controle de pragas biológicas e culturais. Em Cuba, a distinção entre orgânico e urbano era difícil de fazer, visto que quase toda a agricultura urbana segue práticas orgânicas.

Existe ainda o estímulo para os pátios (hortas caseiras privadas que produzem principalmente para consumo familiar), lotes de terra individuais, quintas do Estado e áreas de autoconsumo (empresas do Estado que produzem alimentos para consumo dos seus trabalhadores).

E os cubanos não fugiram da Ilha!

Era notícia comum a fuga de cubanos para Miami, principalmente nos tempos de Clinton, que favorecia a ideia como propaganda contra Cuba.

Em um ano, no fim do século passado, quase novecentos cubanos se arriscaram em balsas para viverem o sonho americano, prometido pelo governo democrata de Bill Clinton.

Essas matérias vinham a calhar para a mídia capitalista, "tão preocupada com os destinos daquele pobre povo", como são zelosos pelos destinos de países com petróleo.

Vista de uma avenida, próxima ao início do Malecom,

Essa propaganda infestava as TVs e jornais reacionários dos países latinos, sempre subservientes e do capitalismo selvagem. Era como se eles estivessem mesmo preocupados com "tais atos de desumanidade" teoricamente promovidos por Cuba e não com uma propaganda sórdida, na medida para minar o regime e encher a cabeça dos ignorantes com falsas, ou produzidas notícias.

Jamais disseram que tudo se devia a política ilusória de Clinton, para cubanos sonhadores com uma vida hollywoodiana.

É muito normal que nós brasileiros acredite-mos que o cubano não pode sair de seu país. A propaganda contra Cuba ainda ecoa em nossos ouvidos, e imagens de nossas memórias lembram os barcos com pessoas se afogando ao tentar chegar a Miami, o que em partes, realmente aconteceu, como eu já disse, graças a política de Bill Clinton.

Contra toda política de imigração norte-americana, conhecida por nós até então, o governo do democrata norte-americano passou a oferecer *Green Card*, moradia e empregos para qualquer cubano que colocasse seus pés em território do EUA. A propaganda advinda do fato era mais importante que suas próprias leis de imigração.

Os cubanos foram atraídos por salário de um mil a dois mil dólares e uma vida promissora, sem saberem que esse salário nos EUA lhes daria uma vida muito mais modesta que a cubana, onde os subsídios governamentais, escola, saúde e segurança, superam as expectativas de qualidade de vida da maior parte dos países.

Desde o início do governo de Raul Castro, Cuba vem promovendo aberturas e hoje o cubano pode viajar para quase todos os países do globo. Em um ano, 185 mil cubanos foram ao exterior. Fracassou a previsão capitalista de que as viagens internacionais levariam a uma guinada política e econômica.

"Ainda há barreiras às viagens, como o preço das passagens aéreas e a dificuldade de obter vistos de países que veem os cubanos como possíveis imigrantes", conforme observou Peter Orsi, da *Associated Press*.

Da mesma fonte, cito uma opinião importante: "Estou certo de que houve uma resistência interna à reforma migratória. Sei que, em alguns casos, ministros disseram *todos os médicos vão sair* e posso imaginar algumas pessoas no aparelho ideológico dizendo '*se deixarmos os dissidentes viajar, isso vai ser terrível*", disse Carlos Alzugaray, um ex-diplomata e conhecido intelectual cubano. "O que a vida mostrou? Eles fizeram a reforma e não aconteceu nada."

Também fracassou a esperança dos arrogantes governos de direita a respeito da possibilidade de um grande número de pedidos de asilo político feitos por cubanos em viagens ao exterior. Na verdade, esse índice está em torno de 9% dos viajantes. E agora, espero que os EUA cumpram o prometido auxílio aos autos exilados. Mas duvido...

Eu vou mais longe: Cuba poderia liberar a população para que os descontentes saíssem, bastando para isso um ofício da embaixada norte-americana garantindo visto, residência, trabalho e assistência, como propôs Clinton, anos antes. Essa seria uma saída para Cuba se livrar dos dissidentes e provar que os EUA só pretendiam bombardear Cuba na mídia e criar uma falsa imagem dos Castros no mundo.

Na contramão das saídas, o jornal cubano "Granma" destacou que seis mil cubanos foram devolvidos ao país em um ano por migração irregular, mas não detalhou quantos deles foram deportados pelas autoridades norte-americanas. Pelo jeito não eram mais úteis para a propaganda ianque, a afirmação pode ser comprovada por milhares de cubanos que cruzavam a América Central com a esperança de entrar nos EUA pela fronteira do México e ficaram parados no meio do caminho.

Um povo orgulhoso de seu país e vaidoso.

O cubano é um povo que gosta de conversar, lê mais que a média latino-americana, portanto é bem

informado, gosta de dançar, é vaidoso e sempre que podem se vestem bem.

A expectativa de vida é de aproximadamente
setenta e oito anos. E não faltam oportunidades de diver-
sões para os mais velhos. Além da saúde, o cubano tem
tempo para se dedicar a si e a família.

Em vários locais onde parei para conversar
com pessoas de mais idade, elas me perguntavam de onde eu era, e ao responder Brasil, muitos fizeram questão
de mostrar seu descontentamento com os atuais governos do Brasil e da Bolívia, principalmente.

Nos fins de semana o que mais vemos são
pessoas saindo para comprar jornais nas primeiras horas

da manhã, depois os vemos sentados em praças, sempre lendo em rodinhas de amigos, discutindo o panorama do mundo e alguns mais adaptados a tecnologia, acompanhando notícias pelo *smartphone*.

Cuba tem um povo elegante e vaidoso

Amantes da música, do teatro, das artes plásticas e bom dançarinos, o povo cubano conta também com uma indústria de cinema de boa qualidade e adora novelas brasileiras.

Equipes de imprensa entrevistam visitante na feira de livros

Vaidosos adoram perfumes. Nos dois hotéis em que me hospedei, todos os dias eu era obrigado a parar para conversar sobre perfumes com pelo menos quatro ou cinco pessoas, que queriam saber o nome do perfume que eu usava.

Muitas vezes expliquei que era produção própria, se chamava Jatobá, nome de uma árvore brasileira. Então todos queriam saber onde comprar o tal perfume, mas como só vendo em sites brasileiros seria difícil para eles. Por fim prometi a muitos que iria tentar, em breve, vender em sites internacionais, mas ainda assim, no último dia de minha estada em Havana, tive que dividir o que restava entre quatro funcionários do hotel, que me aguardavam com pequenos frascos vazios em mãos.

Educação, prioridade

As pesquisas sobre educação são implacáveis, nenhum corpo docente da América Latina pode se considerar de alta qualidade em comparação com os parâmetros mundiais. A única exceção é Cuba.

Na ilha, onde a educação tem sido absoluta prioridade desde a revolução de 1959, há um sistema educativo eficiente e com professores de alto padrão. Cuba é o país do mundo que mais investe em educação. "Cuba é internacionalmente reconhecida por suas vitórias no campo da saúde e da educação, com um serviço social que supera a maior parte das nações em vias de desenvolvimento e em certos setores se compara aos países de maior desenvolvimento no mundo.

Desde a revolução em 1959 e a criação de um governo comunista, o país criou um sistema de serviços sociais que garante acesso total à educação e à saúde. Esse modelo permitiu à ilha conquistar uma alfabetização universal, acabar com certas doenças, dar acesso geral à água potável e saneamento básico, tendo uma das taxas de mortalidade mais baixa do continente e uma das mais altas expectativas de vida", elogiou o Banco Mundial (órgão financeiro controlado pelos EUA), no entanto essa não foi a primeira vez que o mesmo o faz comentários a respeito de sua educação e saúde.

Estudantes indo para aula em museu

Não dá para negar a qualidade do ensino cubano. Em visita a uma escola primária e em conversas com alunos de diferentes idades, percebi que o ensino cubano se assemelhava em partes, com o projeto educacional de Gustavo Capanema, durante o governo de Getúlio Vargas no Brasil, que deu ao nosso país uma geração instruída e preparada, no final dos anos 1970 e essa educação foi destruída por militares promotores do golpe de 1964, no início dos anos de 1970, como parte de um domínio pela ignorância. Pior para nós.

Aula em escola primária e estudantes na Feira do Livro

Saúde

Posto de atendimento à saúde, de bairro

O setor da saúde em Cuba também é referência mundial, consagrada e elogiada pelos principais organismos sociais do mundo. Não há necessidade de descrever minunciosamente o setor médico da Ilha, pois consta dos principais mecanismos de consulta da *Web*.

Eu constatei um atendimento num posto próximo ao hotel em que me hospedava. Aguardei uma mãe e sua filha pequena, que chegavam ao posto de saúde. Elas entraram e a criança foi prontamente atendida, a consulta durou cerca de trinta minutos e logo após elas saíram com o remédio em mãos. Foi eficiente e rápido, o que explicaria a baixa taxa de mortalidade infantil.

Consultório em edifício de moradias populares

Depois da revolução de 1959, Cuba iniciou um processo de reformas no sistema de saúde que resultaram num serviço gratuito e universal de cuidados de saúde. Considerado um direito humano para todos os cidadãos, a Saúde em Cuba é uma prioridade nacional. As políticas de Saúde em Cuba dão especial relevância à prevenção e cuidados primários, e isso vem do início da revolução, quando os médicos fugiram para Miami em busca de dinheiro e *status* social enquanto médicos e o governo revolucionário se viram obrigados a cuidar de seu povo de forma preventiva.

O trabalho com as comunidades, através da interação e participação dos cidadãos é primordial. Os indicadores de Saúde são elevados, mesmo com os embargos econômicos.

Hospital Docente Gineco-Obstétrico

A cooperação médica internacional é uma das principais características do sistema, e, desde 1963 mais de 130.000 profissionais de saúde cubanos trabalharam voluntariamente no estrangeiro. Atualmente, existem 36.770 profissionais de saúde trabalhando em setenta países através de diversas modalidades de cooperação.

Turismo

Castillo del Morro visto da Baía de Havana.

Cuba recebeu mais de quatro milhões de visitantes em 2019. Algo impensado no final do século XX.

O alto número se dá mesmo com o endurecimento do bloqueio norte-americano.

Preparada para receber, Cuba tem hoje quatro mil novas acomodações, e inúmeros hotéis em construção. Além de casas adaptadas para receberem os turistas. São inúmeras.

As adversidades propostas por Washington, a cada novo dia, são compensadas pela Europa, através de seus turistas.

Os norte-americanos continuam editando medidas e criando problemas, que vão desde a proibição das operações de cruzeiros e outras embarcações em Cuba e dos voos diretos dos EUA a cidades cubanas, exceto Havana; a eliminação das viagens educativas grupais, o endurecimento de campanhas para criar ambiente de dúvida e insegurança com relação às viagens à ilha, mais a ativação do Capítulo III da repudiada Lei Helms Burton, com o que se pretendeu desestimular o investimento estrangeiro na ilha.

— Mas os EUA não são os defensores da liberdade no mundo? Essa é a pergunta que o mundo deveria fazer.

Cerca de sessenta medidas foram adotadas pelo Ministério de Turismo de Cuba para enfrentar os desafios de receber bem. Mas Cuba, após uma queda na recepção de visitantes, causada pelo efeito Trump, encerrou 2019 com temporada alta que registrou notáveis crescimentos no movimento de viajantes, a incorporação de acomodações restauradas e também novas como as do hotel cinco estrelas plus com o qual se avançou na estratégia de ampliar o segmento de alto padrão.

Existe um grande espaço para o turismo de alto padrão, mas o grande número de visitantes continua sendo da classe média europeia.

Para nós brasileiros e sul-americanos em geral, o turismo de Cuba não é barato. Como sua moeda conversível é equiparada ao Euro, tudo que é relativamente barato para o grande número de Alemães e Espanhóis que vi na ilha era caro para os sul-americanos. O mesmo se deu com relação aos canadenses, talvez a maioria dos turistas.

Vista de Habana Vieja

Com exceção das passagens aéreas que dependem da distância do país de origem, classe e companhia, os gastos maiores são em alimentação, hospedagem, locomoção e compra de suvenires. Sem contar com visitas a museus, teatros e, é claro, a noite cubana.

Um turista classe média, padrão latino americano precisa em torno de 60 euros para um hotel razoável, 30 euros para locomoção, e 30 euros para as refeições. Os gastos com a noite dependem do local e bebidas a serem consumidas.

Centro de artesanato São José

O táxi cubano não tem um padrão de preços fixos, vai depender do motorista e da sorte do turista. Isso também ocorre com relação ao artesanato e roupas. O mesmo produto chega a variar até 200%, principalmente se deixar para comprar no aeroporto, mas vale a pena pechinchar.

São falhas que precisam ser sanadas.

Tem sido extensa a gestão comercial e promocional desta indústria turística em Cuba, acredito que caberia uma pesquisa qualitativa e um centro de atendimento em vários idiomas em alguns pontos.

Havana vista da Fortaleza San Carlos

Por ser um país latino-americano, acredito que o setor deveria investir mais em nosso continente. Eu encontrei um casal chileno, outro brasileiro, mas residente na Suíça e um único argentino. Claro que isso não é parâmetro para nada, mas temos um potencial maior.

Mais de quarenta e quatro mil quartos são geridos e comercializados em parceria com dezenove gerências estrangeiras que apostam em Cuba, em meio às pressões dos Estados Unidos para que saiam do país.

Centro antigo de Havana

Existem ainda cerca de vinte e seis mil quartos em casas particulares que completam a oferta de hospedagem em território cubano.

Bares e restaurantes, danceterias e lojas para atender a turistas, são inauguradas todos os meses.

O turismo de saúde junto ao convencional, de eventos, de cidade, o histórico-cultural, o de natureza e atividades aquáticas entre muitos outros continuam presentes no portfólio de ofertas do turismo em Cuba que se desenvolve com recursos próprios, em parceria com entidades estrangeiras e empresas mistas, tanto para a construção de novos hotéis, parques temáticos quanto campos de golfe.

Danceteria no 12° andar de um prédio em Varadero

A indústria turística cubana se consolida com cerca de quinze mil empregos diretos, mas alimenta também famílias inteiras que hoje possuem uma renda extra graças ao turismo.

Faz falta no comércio o uso do cartão de crédito. Uma consciência receptiva, por parte dos prestadores de serviços e maior clareza nos preços, mas isso tudo não incomoda tanto quando se vê um povo feliz, receptivo e bom de papo. Praias lindas e uma cultura a ser preservada.

Levando em conta os meus gastos diários,

que foram pequenos comparados a um europeu, calculei (antes da crise causada pelo Covid-19) que os turistas deveriam deixar em Cuba nesse ano (2020), cerca de quatro bilhões de dólares. Nada mal. E eu garanto, vale a pena. Espero poder voltar, da próxima vez em família.

Praia em Varadero

Fortaleza San Carlos em dia de Feira Internacional do Livro. Um dos grandes acontecimentos na cultura cubana, que leva milhares de pessoas, de todas as idades, para a fortaleza, onde toda a infraestrutura de diversão é providenciada, e a população comparece e participa.

Feiras e congressos são destaques do turismo cubano, mas nunca vi tanta gente como na feira do livro, que dura mais de uma semana. Ocorre em uma fortificação antiga, na qual chegamos após passar por um túnel por baixo do mar. Esse evento é um acontecimento para o povo cubano, como uma festa popular nas cidades do interior de São Paulo, ou qualquer outro estado brasileiro. É a confraternização dos países de língua espanhola, onde se encontram professores, empresários, intelectuais, alunos de centenas de escolas, casais de namorados, crianças brincando e famílias fazendo piqueniques. Bem, ali também comi um excelente prato a base de peixe, camarão e o melhor arroz que já provei.

Fotos anteriores e posteriores, imagens da Feira do Livro na Fortaleza San Carlos

Com um cenário exclusivo e incomparável,

Cuba poderia criar algo como uma "Film Commission", uma administradora e locadora de espaços públicos para filmagens, o que geraria renda para a conservação do centro histórico e para moradores, além de uma divulgação mais ampla do país.

Dissidência sem peso

Críticos perdem espaço e o sucesso é mantido apenas em países submissos aos imperialistas. Yutubers, blogueiros e jornalistas subservientes aos norte-americanos estão cada vez com menos seguidores e poucos assuntos.

Uma das críticas mais conhecidas do regime cubano, Yoani Sanches, já não brilha como antes. Na Cúpula das Américas do Panamá, a famosa blogueira cubana esteve no Chile e sua audiência foi baixa, diferente das vezes anteriores, quando era sucesso também no Brasil, principalmente entre seus entusiastas do PSDB, partido neoliberal e privatista brasileiro.

Yoani, um símbolo mundial do anticastrismo, se destacou por sua luta ao criticar o governo — fazendo o jogo do sistema — e denunciar perseguições contra si mesma, através dos blogs, Twitter e do espaço que ganhou em meios da grande imprensa direitista latino-americana fora de Cuba.

Nos últimos dois meses, resignou-se a uma vida jornalística de críticas cotidianas inúteis a divulgação de notícias já conhecidas. Entre suas denúncias mais recentes sem qualquer significado destacou que "os ovos em Cuba estão chegando ao mercado mais sujos."

Seus seguidores diminuíram e partidos que antes a usavam em países latino-americanos, já descartaram sua presença. A dissidente cubana, que há anos enchia as páginas dos diários de todo o mundo, hoje caiu na obscuridade.

Além da conhecida blogueira, hoje fora de moda, a sociedade cubana apresenta outras dissidências esporádicas, silenciosas ou covardes, muitas resultantes de uma pequena casta de moradores que tiveram a chance de estudar graças ao estado, ou seja, ao povo, e a partir de então ganharam notoriedade no primeiro mundo, por seus talentos ou iludidas por se transformarem em objetos de propaganda neoliberal.

No dia seguinte após voltar de Cuba, postei cerca de quinhentas fotos e comentários sobre a Ilha em minha página no *facebook* e anunciei um livro sobre a Ilha. A maior parte dos comentários foi de espanto positivo, principalmente pela beleza de suas praias, pelo estado de conservação de grande parte de Habana Vieja, carros antigos, sorriso do povo e outros detalhes.

Mas um amigo pianista, conservador, cristão de boa família, eleitor da extrema direita que atualmente é o sistema governante em meu país, resolveu passar o *link* para uma amiga também cubana, que hoje se vê superior à população do terceiro mundo, graças às suas turnês Europeias.

[20:14, 25/02/2020] Antonio Sonsin, você daria um ótimo governante esquerdista. Esconde a verdade e posta o que quer, com informações maquiadas.

Vamos lá: uma das vantagens de ser um artista internacional é conhecer pessoas no mundo inteiro e resolvi perguntar a uma pianista cubana sobre o que você postou aqui.

Eis as questões: (as questões formuladas pela pianista foram copiadas em coladas por mim, sem qualquer corte, ou revisão)

Asi es, la situación está peor que nunca, pero para variar le echan la culpa a EUA y a Trump.

1. La internet no es libre, es controlada, ya por lo menos puedes pagar por el servicio que es

súper mega carísimo.

2. El ciudadano común solo tiene permiso de estar máximo dos años fuera del país, de lo contrario pierde la ciudadanía y con ella todos sus derechos.

3. Hay sindicatos, pero todos responden a las políticas del gobierno. Sólo sirven para gestionar problemas internos de la institución a la que pertenezcan.

4. Sólo hay un partido político, el Partido Comunista de Cuba (PCC).

5. Se vive una miseria y pobreza que da pena y dolor en el corazón, mucha gente viviendo en hacinamiento total, con sus casas calléndose a pedazos y sin poder hacer nada al respecto.

6. No hay negociación para el sueldo de los trabajadores. El sueldo es su establecido por el Gobierno.

7. Hay delincuencia

8. Hay droga, quizás no tan a la vista como en San Pablo, pero sí hay.

9. Nunca hay un mercado abastecido,la escases es alarmante de verdad, dan deseos de llorar. Lo poco que a parece fuera de la miserable cuota de alimento que te asigna el estado es carísimo y enseguida se acaba. No hay qué comprar. Es deses-

perante la situacion.

10. Ni con el salario más alto que es el de un médico, es posible vivir con decencia.

11. Puedes comprar lo que quieras en los lugares que estén asignados para la población, pero existen restricciones para los cubanos de ciertos productos y lugares. Cuando hay lo que comprar.

12. No existe el mercado libre, hay un mercado que se le llama mercado de cuenta propia, la gente puede vender sus productos, pero abusan de los precios porque no les queda más , hasta que el Estado mete las narices.

13. Si, hay chicos pidiendo dinero en las calles y personas sin techo. El gobierno los saca de las zonas turísticas para que los extranjeros no las vean.

Espero haberte ayudado, un abrazote... Cuídate! **Por favor, por motivos que ya sabes, no menciones mi nombre.**

Fiquei em dúvida se deveria ou não colocar aqui o meu pensamento sobre essas questões, afinal ela é uma moradora e eu apenas um turista de poucos dias. Talvez sejam respostas a serem dadas pelo governo cubano, pertinentes ou não, todas as dúvidas devem ser respondidas, até para que possamos fazer um juízo sobre a importância dos assuntos que causam polêmicas, sendo eles de interesse coletivo ou pessoal. Mas algumas respostas me pareciam simples e óbvias.

A *internet* é livre, não há censura como se propaga nos países capitalistas e por questões técnicas, também pelo embargo, ainda não foi implantada o 5G, nem no Brasil, nem nos EUA.

Só ter permissão de estar fora dois anos? Qual é o problema? pensei. Normalmente não saímos para viajar por mais que semanas. E por que o estado deve manter direitos de quem vive em outro país? Não vi a lógica. Nem a importância da preocupação. A dúvida deveria ser quanto ao suporte financeiro para viagens internacionais, no mundo todo restrito a uma diminuta camada da população.

Após levantar assuntos sem grande importância ela questionou os sindicatos. Todos os sindicatos respondem à política e as leis de seus países. Como todas as empresas de serviços ou bens.

Só há um partido em Cuba. Nele os candidatos apresentam suas propostas e são escolhidos de acordo com a vontade da maioria. No Brasil temos dezenas de partidos e poucos comprometidos com as necessidades do povo. Alguns patrocinados por banqueiros e grandes empresários, outros por membros do crime organizado. Os EUA possui vários partidos, num sistema de financiamento privado onde apenas dois se revezam no poder, sendo que os dois possuem a mesma ideologia, fazem guerra, intervenções, bloqueios em outros países e se julgam os representantes da liberdade internacional, sem conseguirem sequer resolver a melhoria da qualidade de vida, de no mínimo 1/3 de sua população.

Miséria total, escreveu a pianista erudita, mas vemos todos morando em casas? Ninguém em favelas como no Rio, ou nas Ruas como em São Francisco? Sim, existem cortiços que provavelmente no início da revolução não eram assim. A ocupação rápida e desordenada, aliada a falta de moradias, com o crescimento populacional e falta de dinheiro, infelizmente leva a esse estado absurdo. Poderia ser diferente sem um embargo? Não sabemos, mas enquanto os americanos insistirem serão sim o motivo, ou a mais provável desculpa. O racionamento de diversos bens, incluindo itens de construção civil, não seria culpa também do embargo, que essa artista disse ser apenas uma desculpa cubana?

Os salários são de acordo com a moeda do país. Fiz as contas de um salário médio Cubano, ele compra doze mil passagens de ônibus, ou doze mil pãezinhos. É isso mesmo? O salário médio do Brasil compra trezentas passagens de ônibus, ou mil e quinhentos pãezinhos. A moeda é um meio de compra interna e seu valor é de acordo com a capacidade de satisfação na aquisição de itens básicos.

A artista, formada pelo estado cubano, ou seja, o povo, afirmou que há delinquência. Eu procurei muito e não vi nada, mas por ser da terra, ela deve conhecer. Nenhum país está livre da delinquência. Infelizmente em meu país basta sair nas grandes cidades e presenciar, ou ligar a TV nos noticiários de horror, alguns só sobrevivem graças a violência. Por aqui ainda não sabem quem matou a vereadora carioca Marielle, onde se escondem os homens da milícia, ou como evitar mais de cem assassinatos e centenas de assaltos por dia. Aqui é o capitalismo quem dita a lei.

Outro assunto importante é a droga. Há muita droga, disse ela, entre um acorde Ludwig van Beethoven e Wolfgang Amadeus Mozart muito longe da realidade do Rap Paulista. Esse fator deveria estar ligado a uma criminalidade alta em Cuba, mas não está. A criminalidade ainda é baixa. Logo fica a pergunta: onde estão as drogas?

Eu estive em vários mercados e não vi desabastecimento, mas pouca variedade de ofertas. E nesse aspecto volto ao assunto já discutido: faz parte do embargo, essas faltas pontuais, ou o embargo é apenas uma desculpa? Uma nova política de terra pode resolver isso.

Não vi médicos sem casas. É claro que nem poderia, pois fiquei pouco tempo e não os conheci. Na verdade, não vi famílias sem casa. Não vi ninguém com aparência de subnutrição. Depende do que ela pensa sobre o significado da palavra decência, vivem sem fome, em segurança e tem direito aos estudos que teve, talvez nada signifique, mas para quem vive no morro em Guarujá, no Rio de Janeiro, ou mesmo nos cortiços do centro de São Paulo, o medo da violência ou do desabamento em virtude de uma forte chuva, dá a palavra decência, novos significados.

A pianista disse que o Cubano não pode comprar em todos os lugares. Não tive tempo de ver esses lugares exclusivos, em todos, incluindo os hotéis onde fiquei, a maior parte das pessoas eram cubanos que circulavam e compravam livremente nas lojas e bares desses hotéis.

E nossa artista, cujo nome nem sei, novamente, me foi confusa, citou mercados livres, com preços altos, parecendo sugerir mais controle do estado. Fiquei em dúvida se o estado deveria intervir de acordo com as necessidades, ou com a vontade dela.

Finalmente, a artista disse que há crianças de rua, mas sinceramente não vi. Acho que nem os opositores mais ferrenhos do regime conseguiram vê-las. Ela falou ainda em moradores de rua, e que o governo os tirava de locais turísticos. Eu vi alguns, sempre em locais turísticos, não vi o governo retirando ninguém. Como não são retirados de Paris ou Nova Iorque. Os moradores de rua são um fenômeno a ser discutido em todos os regimes, desde a antiguidade e sobre eles também escrevo neste livro.

Como se vê, a dissidência é hoje insípida, vazia, com sentimentos burgueses e sem qualquer razão, são mais dissidentes no sentido de se sentirem mais importantes que o resto da população e, assim não se importam em ser massa de manobra, ou peça de propaganda para os neoliberais de plantão.

Havana Velha -Habana Vieja

Praça da revolução e seus carros antigos.

Perigos e desafios

Embargo, crescimento de religiões exóticas com a consequente eliminação da cultura social, a criação de uma casta gerada pelo turismo, falta de estrutura agrícola, corrupção, páreas e a própria paranoia, devem ser os principais pontos a serem analisados pelo governo cubano para impedir desgastes e descontentamentos em massa da população.

Religiões exóticas

Cuba, como qualquer outro Estado-membro da ONU, passa pela Revisão Periódica Universal (RPU) realizada pelo Conselho de Direitos Humanos da ONU em Genebra, que analisa entre outros dados a situação das igrejas evangélicas em Cuba. Após anos de crescimento constante, os evangélicos atualmente representam cerca de 10% da população cubana. Uma parte das igrejas são protegidas, outras enfrentam algumas formas de restrição e ainda esperam que o governo garanta mais liberdade.

A ONU não analisa que essa liberdade religiosa vem muitas vezes carregada de segundas intenções, por parte das igrejas que ao destruírem a cultura e a ciência, criam formas de interferência no governo.

Culto em uma igreja da "prosperidade".

O pesquisador Pedro Alvarez Sifontes, especialista em fundamentalismo do Cips (Centro de Pesquisas Psicológicas e Sociológicas), explicou em uma reportagem da revista *Carta Capital*, que a crise econômica pós-Revolução, nos anos 1990, também contribuiu para a popularização das igrejas evangélicas — um fenômeno chamado de *ensaboamento*. "Líderes evangélicos, vindos dos Estados Unidos, começaram a distribuir entre a população mais necessitada produtos como sabonetes, detergente, óleo de cozinha, roupas, enfim, artigos de primeira necessidade que não eram acessíveis a todos em Cuba naquele momento", relembrou.

Se por um lado os EUA promovem um embargo, por outro exportam meios de transformar a sociedade deixando o governo frágil.

Segundo Sifontes na mesma reportagem, "é uma evangelização absolutamente manipulada, através da qual se apropriam de elementos bíblicos que lhes convêm, com uma tendência à guerra espiritual, demonizando todos os que não estão de acordo com eles. Utilizam a teologia do domínio, segundo a qual, o chamado *Reino de Deus* precisa ser construído imediatamente e a qualquer custo, passando por cima de todo o processo religioso pluralista e diverso."

A ONU esquece que as igrejas, quando utilizadas para destruírem culturas acabam consumindo nações. Talvez não se lembrem que os índios habitantes do Brasil em seu descobrimento, tiveram suas culturas dizimadas pelo assédio religioso.

Talvez a ONU não esteja acompanhando o Brasil pós-golpe de 2016, onde a igreja evangélica teve grande participação, e hoje regredimos culturalmente a ponto de termos perseguições às minorias éticas, religiosas, etc. A ONU não monitora, ou finge que desconhece o *modus operandi* das igrejas neopentecostais chamada de Igrejas da Prosperidade.

Cuba não pode ficar a mercê da ganância proposta pelas igrejas da prosperidade, que funcionam como loterias. O que deveria ser levado em consideração é a qualidade de vida, a saúde, o nível de escolaridade, a ocupação e o lazer de uma população. São esses os itens que garantem a segurança e a prosperidade coletiva.

A ONU até aqui emite suas opiniões de acordo com necessidades pontuais e sem sanções aos que promovem sanções contra Cuba.

O país, por seu lado, ao permitir novas religiões da prosperidade, deve cobrar altos impostos, que serão aplicados na reeducação de seu povo.

Analisando a história recente do meu país, o Brasil, vejo a multiplicação das religiões neopentecostais como uma bomba relógio que um dia irá explodir.

É simples, a religião aqui foi usada como um instrumento de anestesia social, para promover retrocessos sociais e garantir apoio da população às teses conservadoras de dominação. O controle populacional, uniões do mesmo sexo, abortos necessários e até uma simples transfusão de sangue acabam passando pelo clivo dos comandantes religiosos.

Não vejo a ONU intervindo nos ataques norte-americanos aos países com petróleo, sob a desculpa de levar sua democracia, como intervém nas regras sociais e tentativa de desestabilização de países menores.

O domínio das religiões exóticas inicia-se pela extinção do prazer, na submissão e no descrédito da ciência, tudo alicerçado na possibilidade de fortalecer a ignorância e no sonho da prosperidade.

Após dominar o prazer do indivíduo ele estará pronto para aceitar e reproduzir as ordens de comando, buscando o início de uma trilha de sucesso, que consiste na busca de riqueza monetária pessoal.

Acreditar, aceitar e cooperar são pilares básicos das religiões da prosperidade, assim a subserviência vai criando soldados contra o mal social, ou seja, o estado.

Depois de anos de desafios e adoração todos estarão prontos para romperem o tecido social. Então não adiantaria o estado intervir, pois quando chegar a hora eles intervirão no estado.

Enquanto os cristãos tradicionais aprendem que só terão recompensas após a morte, os evangélicos da prosperidade prometem tudo em vida, como uma grande loteria, onde um será contemplado como exemplo.

Exemplos são criados numa proporção de um para mil, para que um determinado "irmão" ou seu negócio evolua. Um sistema de pirâmide é arquitetado, para que a cada ano um indivíduo prospere acima de todos e se torne o exemplo da prosperidade conferido a ele por Deus, uma vez que cumpriu todos os trâmites, cada vez mais ovelhas dóceis estarão dispostas a seguirem seus pastores visando o topo da pirâmide social.

Em Cuba já existiram protestos contra ideologia de gênero e casamentos não convencionais, um assunto que deveria ser apenas do estado.

Recentemente evangélicos se manifestaram e interviram na constituição cubana. Um absurdo. O direito a acreditar em qualquer coisa e se agrupar em religiões, não poderia jamais facilitar a intervenção na constituição de um estado.

Os evangélicos fundamentalistas vêm conquistando tantos fiéis nos últimos anos, que têm proporcionado mudanças visíveis no comportamento da sociedade.

A doutrina que enfatiza a importância do empoderamento pessoal, propondo que é da vontade de um deus em ver seu povo rico, transforma a felicidade em sinônimo de riqueza e assim inicia-se a desigualdade e o rompimento do tecido social. Esse fundamentalismo aliado a fome de progresso pessoal será em breve o grande desorganizador do modelo cubano, podendo levar anos de evolução social à latrina da civilização.

Agricultura e desenvolvimento

Cuba possui 70% da terra e aluga uma parte para agricultores e cooperativas. O restante é de propriedade de cerca de quatrocentos mil agricultores familiares e suas cooperativas.

Sítio na estrada entre Matanzas e Varadero

Apesar da locação de pequenas parcelas de terra para cerca de duzentos mil futuros agricultores na última década, existem enormes faixas sem nenhum cultivo. Seria necessário um grande trabalho que envolvesse uma volta ao campo, com estrutura necessária para a ampliação da produção agrícola e unidades de transformação industrializadas, financiadas pelo governo.

O ex-presidente, Raúl Castro, deu início a um grande projeto de arrendamento de terras, descentralizando a tomada de decisões e introduzindo mecanismos de mercado no setor há uma década, mas a maior parte do esforço fracassou e o estado retrocedeu nas reformas da agricultura.

A produção e a venda necessitam de mais agilidade e tecnologia. Cooperativas de vendas e distribuição ainda são precárias e pouco tecnológicas. A *internet* 5G venderia o produto primário, ou transformado em toda a ilha, criando ainda um novo mercado logístico para centros de distribuições em todos os municípios.

Na possibilidade da continuidade e um maior aperto no embargo, Cuba necessita ampliar sua produção agrícola, tornando-se autossuficiente.

Um projeto de associação com meeiros levaria mais gente aos campos em novas pequenas propriedades. Cuba tem quadros técnicos para tanto.

Os complementos para aumentarem suas divisas, aumentando também o turismo, seriam pequenas fábricas de derivados da produção agrícola em comunidades próximas de suas origens produzindo arte, artesanato, *shows* e feiras internacionais, porém há a necessidade de uma revisão e mais transparência nos preços das ofertas turísticas. Principalmente nos serviços.

Os novos regulamentos apontam que os agricultores poderão arrendar até 26,84 hectares de terra, em comparação com os atuais 13,42 hectares, com prazos de vinte anos com a opção de renovação e as cooperativas poderão arrendar terras sem cultivo indefinidamente.

Esses novos agricultores poderão construir casas e outras instalações em até 3% das terras arrendadas, mas ainda deverão produzir determinadas colheitas ou gado e não podem alugar, comprar ou vender a terra.

É importante que esses novos arrendamentos contenham a possibilidade de unidades industriais de transformação, financiadas e que seus arrendatários passem por estudos técnicos de cultivos variados.

Quando o Brasil estava sob a normalidade democrática, até o ano de 2015, houve uma expansão significativa no comércio bilateral, com as exportações brasileiras passando de US$ 70 milhões em 2002 para mais de US$ 500 milhões em 2015, colocando o Brasil como o terceiro maior exportador da ilha, atrás da China e da Venezuela. As exportações brasileiras consistem principalmente de produtos como óleo de soja refinado, farelo de soja, arroz, milho, carne de frango fresca e café cru, produtos de limpeza e outros. Hoje o café importando por Cuba é prioritariamente equatoriano, esse é apenas um dado a respeito do que a indústria e agronegócios brasileiros estão perdendo.

Com o alinhamento de países do terceiro mundo às políticas norte-americanas, Cuba abre novas fronteiras e quem perde mais são esses países satélites dos EUA, que deixam de exportar e aumentam seus próprios níveis de desemprego.

Quase seis décadas do embargo cubano pelos Estados Unidos causaram danos quantificáveis por mais de US$ 922,6 bilhões para Cuba. As consequências atingem outros países. O apoio do governo subserviente brasileiro, para as novas sanções norte-americanas geraram danos econômicos, comerciais e financeiros, também no Brasil. Isso ocorre sem dúvida em outros países.

Um relatório do Departamento do Tesouro estadunidense em 1991 informou que as empresas americanas venderam US$ 56 milhões em grãos e outros alimentos a Cuba em 1988, e o dobro em 1989, através de países que mantinham boas relações com ambas as nações. As empresas comerciais brasileiras, por exemplo, encaminhavam uma variedade de produtos dos Estados Unidos para Cuba, incluindo grãos, fertilizantes, cabos de extensão, lâmpadas, pneus de carro e até motores para barcos de pesca. Mais de US$ 150 milhões em mercadorias dos Estados Unidos foram enviados para Cuba pelo Brasil desde 1990.

Tradicionalmente, o Brasil se opunha a como os Estados Unidos aplicavam sua política doméstica unilateralmente à política externa, punindo empresas de países terceiros que comercializam ou investem em Cuba. Ao abandonar sua posição tradicional de se opor ao embargo dos Estados Unidos, o governo do Brasil se opõe aos seus próprios interesses e de seus produtores.

O financiamento do projeto do Porto Mariel pelo Banco Nacional de Desenvolvimento Econômico e Social, com um empréstimo de cerca de US$ 682 milhões é um exemplo, foi bom, não apenas do ponto de vista econômico, mas também estrategicamente.

Cerca de US$ 800 milhões investidos no projeto foram gastos no Brasil, comprando bens e serviços brasileiros e gerando mais de 100.000 empregos diretos e indiretos. Além do retorno do investimento integral.

Assim como vemos, os embargos não afetam só Cuba, mas países, principalmente da América Latina, já que os EUA continuam, não só exportando, como contrabandeando produtos para a Ilha.

Outro problema, que deve começar a ser administrado pelo governo cubano é a questão do enriquecimento de alguns setores em virtude do turismo.

É importante para Cuba a indústria do turismo, isso não se discute, mas em médio prazo essa indústria criará uma casta, com salários muito maiores que a média dos cubanos.

É difícil imaginar um cenário de convivência entre a situação atual de igualdade da população com os novos padrões, que serão privilégios de poucos. Por isso existe a necessidade de correções de rumo.

Uma das perspectivas é o fim de duas moedas, com o CUC sobressaindo-se e transformando-se em moeda única, mas aí os salários precisariam ser equiparados. Aqui vale lembrar que o CUC, embora impresso, tem muita similaridade com a URV, moeda de transição criada no governo Itamar Franco, Brasil, que se tornou o *Real*.

Vista de Havana Velha

Loja de fumos famosos de Cuba

Com cinco ou seis faixas salariais, o governo precisaria aumentar muito o PIB para poder arcar com os subsídios , tendo uma moeda equiparada ao Dólar ou Euro, ou eliminar paulatinamente alguns subsídios, substituindo-os por aumento salarial, que pode vir de um imposto sobre turismo, ou por serviços prestados no atendimento ao turista para se equalizar os vencimentos.

Uma série de pequenas fábricas nos mais diversos setores podem ser a solução. Analisei algumas preferências de turistas, que dão margem para uma industrialização de geração de pequenos bens que visam, sobretudo, alimentar a indústria turística. Nesse setor, o industrial, também existem enormes possibilidades com relação ao atendimento interno e a produção cooperativa pode ser uma solução ideal.

O que não entendi foi a proibição de populares venderem charutos caseiros. Vi e visitei uma residência em que moradores faziam e vendiam esses produtos, apenas para cubanos, mas a confecção artesanal desses charutos seriam uma atração à parte e fonte de rendas para muitas famílias, além de acabar com intermediários e falsificações. O nicho de produção artesanal não deveria ser deixado de lado.

Não há segredo, uma licença e uma etiqueta da família que produz. Sem qualquer dúvida, na terra do fumo, seria rentável e não daria qualquer tipo de prejuízo

às grandes marcas, essas já conhecidas internacionalmente e vendidas a um preço alto, até para turistas, que
compram a marca e a tradição.

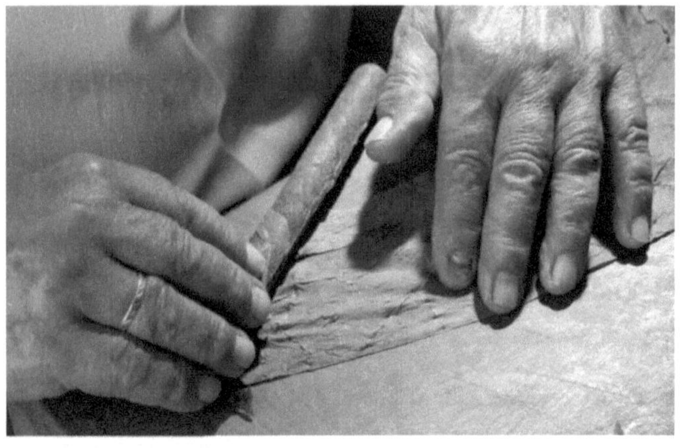

No ano de 2000 fiz um projeto para uma ci-
dade do interior, que consistia em usar um produto local,
de tradição apenas histórica, em produto de fabricação
familiar, onde várias famílias tinham acesso à produção,
desenvolvimento e fabricação, tornando-se um real gera-
dor de empregos e rendas. Isso já havia sido feito em
1985, com várias localidades, como participantes do governo do estado mais importante, sob o ponto de vista
econômico. Cuba tem vários nichos para esses projetos.

Moradores de ruas

Na paisagem de Havana Velha é normal avistarmos moradores de rua e de cortiços. Não tantos como em São Paulo, ou no Rio de Janeiro. O morador de rua é um tipo de fenômeno, o de cortiços, ou sem teto é outro. Devem ser observados e tratados em estudos diferentes. O morador de rua, "tradicional é o "párea", aquele que vive às margens da sociedade, um anarquista que não aceita o estado nem tem relações sociais. O fenômeno do "párea" não é exclusivo de nenhuma civilização ou época — no capitalismo, comunismo, feudalismo, seja nos tempos modernos ou na antiguidade —, o morador de rua extrapola a vontade do estado e qualquer serviço social, por mais rica que seja a comunidade.

Na França existem vários estudos, mas nada conclusivo. Eu mesmo conheci moradores de rua, que eram poliglotas, professores de química e até um engenheiro. Não há como eliminá-los, eles estão além do estado, da sociedade e vivem em um mundo deles. Geralmente não representam perigos sociais, a não ser com relação a imagem proposta por uma determinada sociedade.

O que parece um abandono por parte do estado é um assunto muito mais sério, que precisaria de um amplo estudo com cooperação entre os mais diversos países, de todos os modelos econômicos. Mas pode ser diminuído, até por uma questão de saúde pública, com a criação de banheiros e pontos de higienização.

A Feantsa, organização que promove o direito à moradia na UE, descobriu que todas as nações do bloco, exceto a Finlândia, enfrentam uma crise de falta de estrutura e serviços disponíveis para pessoas em situação de vulnerabilidade.

A estratégia de apoio aos sem-teto e "páreas" que o país nórdico ofereceu foi a apresentação de soluções com moradia permanente e coletiva, sem impor condições e com regras leves. Concede ainda assistência social para ajudá-los a colocar a vida nos eixos, lidando com questões como vício em drogas e desemprego, mas também a opção do ócio e liberdade, que me parece ser o ponto mais importante nessa luta.

Política e futuro

Outra questão a ser discutida é a paranoia por medo de invasões, espionagens como na guerra fria, com métodos antigos só vistos hoje nas fitas hollywoodianas. A tecnologia evoluiu e os meios de destruição atuais são diferentes.

Seria mais salutar ao regime eliminar a manutenção de descontentes, pois esses estão contaminando as novas gerações, e fazem parte de uma rotina ultrapassada, que dão razão aos contras e ainda servem de publicidade para os neoliberais.

Muitas preocupações provavelmente vão além da vontade do governo, mas não se restringem a Cuba, são necessidade de uma América Latina livre do imperialismo, que na Ilha tem um exemplo saudável.

O sistema de governo criado em Cuba é importante como exemplo para o mundo e isso deve ser considerado por sua classe dirigente, bem como todos os políticos progressistas do mundo.

Se Cuba cair, o sonho de liberdade acaba e aí sonharemos apenas com a propaganda de *Hollywood* e o "admirável mundo novo", dividido em classes dominantes e escravos, ou a distribuição dos Soylents Green , diferente de meu sonho, descrito em "Akanis, A Solução Final", que *Hollywood* jamais sonharia em produzir.

Cuba está longe de ser ditadura, longe de passar fome, longe de não dar liberdade. Tem um modelo econômico em formação. Um povo feliz e consciente, principalmente das dificuldades impostas pelo país considerado dono da democracia no mundo.

Os cubanos, mesmo diante das adversidades souberam vencer e transformar sua Ilha em uma pátria a qual se referem com amor, sendo cada vez mais raras as dissidências alinhadas ao projeto do capital internacional.

É difícil encontrar alguém que deseje sair da ilha para morar em outro país. Conversei com muita gente, talvez não o suficiente; havia sim reclamações rotineiras, mas sempre lembravam dos itens segurança, educação e saúde.

Todos os dias de manhã, logo após a uma xícara de café expresso equatoriano, excelente, que eu tomava no Hotel Tulipam, saía para andar pelas proximidades e conversar com conhecidos recentes. Aí conheci o "Carateca", professor de caratê, campeão e grande amante do Brasil, fez questão de gravar uma mensagem ao povo com uma homenagem a um ex-presidente. Me convidou para uma apresentação no sábado seguinte, que teria a *presença dos futuros campeões*, segundo ele.

Outro amigo, Orlando, que trabalhava como mata-mosquitos, quando não era seu turno estava sempre por ali. Conversando, vendendo, ou comprando alguma coisa numa feira de chão, tipo a feira do rolo realizada em São Paulo. Orlando era um cubano instruído, informado como todos, sabia o que acontecia no mundo e das dificuldades locais. Perguntei-lhe se ele gostaria de sair de Cuba e ele me respondeu negativamente, "sair só para conhecer lugares como seu país, mas sempre voltar."

Na mesma área, depois de fotografar muitas esculturas nas ruas e prédios próximos, conhecia a oficina de arte e o artista Manuel, também membro de grupos musicais e entidades afro-religiosos, se não me engano, "Criolos."

Carateca e Orlando

E assim foi, mantive diálogos com as vendedoras da feira local, barbeiros, floristas. Num portunhol quase incompressível. Conversei com professoras e alunos que participavam do congresso de educadores. Não consegui sentir resistência ao modelo cubano, pelo contrário, em muitos casos tornou-se visível um patriotismo, uma admiração por líderes revolucionários e a consciência sobre a realidade política local.

Além de ouvir, o que mais fiz foi andar muito, observar situações e analisar reações. A fala muitas vezes pode ser bloqueada pelo medo, ou pelo entusiasmo, por isso ver se torna, às vezes, mais importante que ouvir.

Sr. Manoel, artesão

Eu precisava apenas de uma opinião contrária ao regime castrista, pelo menos para constar em um livro e a encontrei no penúltimo dia na Ilha, já em Varadero. Na feira de artesanato encontrei finalmente um opositor. Ele sonhava em morar na Califórnia, ganhar muitos dólares e ser artista famoso em *Hollywood*. Perguntei-lhe por que ainda não tinha partido para realizar seu sonho, sendo que agora era fácil viajar de Cuba para outros países e ele respondeu que aguardava a resposta dos vários *e-*

mails que enviara para os grandes *studios*. Contou-me ainda que escrevia para eles há quatro anos.

A princípio não o desencorajei, pelo contrário, mas dei-lhe um dos livros de minha autoria, que levei para presentear meus amigos desconhecidos de Cuba, pois o futuro ídolo hollywoodiano, se conseguisse ler em português, iria conhecer a história de um ator contratado para substituir Valentino, passou fome e chegou a ser preso. Essa era a história do brasileiro Olympio Guilherme e de milhares de prósperos atores, que um dia sonharam com o sucesso da vida na "américa."

Talvez, se fosse na época de Clinton ou Reagan, ele tivesse uma chance, pois seria utilizado como propaganda do império, mas numa política de abertura, o pobre sonhador não tinha valor.

A queda de Cuba seria o êxtase do capitalismo, e a afirmação fatal que o comunismo não deu certo e então a longa caminhada para a eterna escravidão, preconizada, como sabemos, no Admirável Mundo Novo, mas ainda não, ainda nos resta a esperança. Cuba é livre.

Muitas experiencias socialistas foram destruídas pela força do mercado e da ganância. Os grupos dominantes jamais darão chances para um regime, onde eles não sejam superiores e todos possam ter as mesmas oportunidades e, justamente isso será o fim da humanidade.

O modelo cubano vigiado, policiado, cheia de regras, acertos e defeitos, ainda é o mais livre do planeta.

Cuba Livre tem apenas seis décadas. Uma revolução se faz com ideais e armas, mas sua manutenção é feita com cultura. Seis décadas não são suficientes para a formação de uma cultura, que em bloco se transforme em nação. Cuba está no caminho, mas ainda serão necessários, ao menos mais quatro décadas. Três fontes são utilizadas para destruir uma cultura: a fome, a religião e a contaminação dos dissidentes. Atualmente considera-se que uma geração se forma em dez anos. Logo é necessário aguardar mais quatro gerações, com ciência e muita sabedoria governamental.

Como já escrevi parágrafos antes, Cuba é o único modelo viável para um mundo feliz. É romantismo?

Não acredito que seja apenas uma questão de romantismo de minha parte. Acredito na sobrevivência da humanidade, nas crianças brincando nas ruas, todas indo a uma escola. Todas se alimentando. Todas tendo as mesmas oportunidades. Crianças conhecendo uma cultura e sendo livres. Essas coisas que parecem tão simples, chamadas de qualidade de vida, são tudo o que o capitalismo não pode aceitar, pois sua aceitação acarretaria no fim do ciclo capitalista que rege o mundo, comanda as guerras e estabelece quem deve viver ou morrer.

Em meu pensamento existe uma clareza fácil

de se explicar. Existem dois modelos de administração mundial. Um deles é o atual, existente na maior parte do mundo, que nos levará a um mundo comandado por corporações e em benefício delas, onde o ser humano será apenas um detalhe na força de trabalho e mero consumidor. A pobreza será irreversível e maioritária, enquanto uma camada ínfima da população comandará e terá todos os benefícios do estado totalitário capitalista. O outro modelo, ainda está sendo arquitetado em Cuba, não sabemos até quando e se resistirá. É o modelo do estado povo, onde todos podem viver e gozar dos benefícios da natureza, evolução e da ciência. Esse é o modelo mais difícil de se organizar, leva tempo para formar uma coesão cultural e tem contra si o poder de destruição do capital.

Quando eu falo em estado-povo, não há como incluir a palavra democracia, como vem sendo usada, até para invadir ou boicotar nações. A democracia não é apenas utópica, é impossível num mundo de diferentes. Democracia é *marketing* para dissimular invasões e desculpar bloqueios e só seria possível num mundo de iguais.

Democracia nunca existiu, nem onde supostamente foi criada, pois na Grécia antiga, pertencia a uma casta dominante, não aos escravos, nem às mulheres. Assim, não cabe citar democracia no estado-povo e o povo, sabendo que ele é o estado, saberá que nem sempre o melhor sistema e governante, se escolhe democraticamente entre interesses diferentes e quase sempre manipulados por necessidades externas.

O estado-povo é o estado máximo, pois o povo é o centro de tudo, não suas empresas ou o mercado, e na existência necessária dessas empresas, serão sempre e unicamente para servir o coletivo, nunca para enriquecer o individual. Ainda que empresas sejam posses de cooperativas de pequenos grupos ou individuais, pois terão o imposto social e a divisão proporcional coletiva.

Não faltarão razões aos capitalistas para, com todo seu empenho, neutralizarem as conquistas cubanas e as transformarem em utopia, há de se negar o papel da revolução transformando suas punições em atos terríveis e engrandecendo o direito a liberdade, a tal liberdade inexistente é claro, nos países que comandam o império. Esse conceito de liberdade ocidental só existe para os muitos ricos, mas são os guardiões da grande mentira enquanto exemplo, no qual os pobres estão adestrados para seguir nas masmorras da fome e por eles lutarão.

A palavra comunismo tem hoje dezenas, talvez centenas de significados de acordo com o tempo e as necessidades do capital. É falada como ofensa pela classe dominante e ouvida como blasfêmia pelos dominados, manipulados e transformados em escravos modernos, sem que saibam.

Assim o perigo será quando todos acordarem e perceberem que o mundo pode viver melhor, então o dano causado ao mercado será irrecuperável e nesse sentido o sucesso de Cuba é intolerável.

Toda a questão se resume a deixar para as pessoas que escolham entre viver bem, com saúde, educação, segurança, alimentação e habitação, formando uma cultura coletiva duradora e para todos, sendo que todos possuem as mesmas oportunidades, embora únicos individualmente e por isso teremos quatro ou cinco estilos de vida diferentes, ou a vida sem direitos e limites, onde espertos se sobressaem tornando-se exemplo de *marketing* escravocrata e passam a ocupar andares superiores, junto com herdeiros e corporações , desfrutando de produtos únicos, onde a maioria necessita derrubá-lo para garantir a própria existência.

Divagações a parte, pois fazem parte da torcida e do amor pela vida, Cuba é a negação da derrocada da humanidade, por isso odiada pelos imperialistas e amada pelos progressistas, intelectuais, cientistas, poetas, etc., pois só eles enxergam ali a possibilidade da sobrevivência da raça humana, com dignidade, igualdade e liberdade.

Vida longa para Cuba

Outras visões sobre a Ilha.

Cuba, trinta anos depois do susto.

Evito contar minhas histórias e incursões na revolucionária ilha do Caribe com jeito heroico. Não me ornam, nem me dizem respeito. A vitória pertence ao povo cubano. Os percalços e resistências também. E eu apenas me declaro torcedor de carteirinha. Visto a camisa do José Marti e Fidel. Agito a bandeira rubro-branca-azul nas arquibancadas da geopolítica.

Instigado a escrevê-las pelo amigo de quatro costados, Antônio Sonsin, de ideário comum, vagabunde-ei a memória nos primeiros vinte dias da quarentena. Vácuo mental.

Temia a desgraça Coronavírus chegando de mansinho e já avizinhada. Posterguei. Lutei e consegui assentar algumas palavras no Word. Se alguém me lê nestas páginas de respeito é porque concluí o texto a tempo do prelo.

Advertências e confissões postas adentro, ao tema proposto.

Em 1985 o presidente José Sarney reatou relações diplomáticas com Cuba, rompidas pela ditadura civil-militar de 1964. O governo então, enviou uma comissão *quebra-gelo*, constituída de deputados, secretários de estado e prefeitos. Embarquei na condição de chefe-do executivo da cidade de Atibaia. (1983/1988).

A missão, chancelada pelo corpo diplomático, exigia coragem. As ameaças contra a autodeterminação do povo cubano eram concretas. As frustrantes tentativas de por fim ao socialismo ilhéu, aguçaram ainda mais a sanha do imperialismo ianque. Os hóspedes oficiais sofriam hostilidades em todos rincões liberais do mundo. O carimbo ideológico das elites econômicas grafava na testa do intrépido viajante a palavra "subversivo" ou "comunista."

Em 12 dias percorremos os pontos históricos e turísticos   do   país. Entrevistamos vários   veteranos da invasão da Baía dos Porcos (Batalha de Girón). Em 1961 a direita, treinada pela inteligência militar estadunidense, tentou retomar o poder.

Visitamos camponeses e pequenos proprietários agrícolas.

A comitiva hospedou-se nos hotéis Habana Livre e Riviera, distantes um do outro cerca de oito quarteirões.

Na segunda noite o conversamos até alta madrugada, até que todos se despediram. Só eu desci até a portaria para pegar um taxi, mas não havia ninguém na rua. Trânsito zero. Sem alternativa, bocejando de sono, me pus a pé rumo a minha desejada cama. Ruas totalmente desertas. Sem medo de assombração toquei em frente.

Ouvia os meus próprios passos sapateando no chão de pedras. As árvores escondiam a luz caída dos postes negros. Leio as placas: embaixada do Canadá, embaixada...

A minha cultura civilizatória me remeteu à ideia de segurança. Ocorreu-me que no Brasil, a polícia atira primeiro e depois pergunta: - quem é?

Imaginei que logo seria abordado por alguém truculento de fala espanhola e sotaque lascado. Lembrei-me da minha condição de estrangeiro, metido sem explicação numa rua de representações estrangeiras. Remexi os bolsos. O passaporte retido no hotel. Sem lenço, nem documento, vislumbrei logo à frente uma guarita, com um soldado em posição de sentido. Caminhei pelo eixo central da rua, salpicada de pingos de claridade, imaginando fazer-me bem visível. Batia os sapatos contra o solo para revelar a minha desventurada presença. Não estava me escondendo. Podia esclarecer tudo a contento. Sequer lembrava o nome do cubano nosso cicerone. A única informação ao meu dispor: o moço era casado com a viúva do Che Guevara. -Vitório?

Momentos dramáticos. O suor gelado escorria pela espinhela hirta. Iniciaria a conversa com Buenas Noches, senõr. Murmurei a frase muitas vezes, pra não gaguejar. Mantive as mãos visíveis e os olhos bem abertos. Recomendei-me nenhum movimento brusco.

Eu e o soldado deparamo-nos frente a frente à distância de um metro. O jovem dormia placidamente. Temi acordá-lo. Prossegui os passos no ritmo cardíaco da felicidade.

Tem mais susto, se o prezado leitor permitir. Resumirei. No domingo seguinte resolvi não acordar tão cedo. Agenda livre. Dia de repouso para os quebradores de gelo. Mas, qual o quê. Mal clareou o dia um barulho espavorido atingiu o meu quarto no 17º andar. Sacudiu-me. Assisti da sacada um corre-corre sem começo nem fim. Fardas, jalecos, uniformes não identificados procurando posição. Cenas de guerra explícita. Adrenalina a mil. Pensei entre um cagaço e outro: que azar, justo hoje os americanos resolveram invadir Cuba!

Meu Deus! (força de expressão).

Vesti-me rapidamente. Desci ao térreo com documentos a tiracolo para instruções. Pena, nunca concluí aquele meu curso de tiro ao alvo. -Pensei. Para o meu espanto os pares tomavam café sem derramar ou borrar a toalha da mesa. Sossego generalizado.

- O que que está acontecendo?

- Não te avisaram? Hoje é dia de "Domingo Rojo" (Domingo Vermelho). A população treina para a guerra contra o invasor, que pode acontecer a qualquer dia, qualquer hora, qualquer momento. Os cubanos determinaram-se não voltar à condição de quintal das botas. Submissão nunca mais!

Nesse dia as indústrias não param. Antes dobram a produção. Escalaram os brasileiros para trabalhar nas indústrias de cerveja. Protecionismo patriótico. Gostei.

Lá vai mais um susto. Numa tardinha ao pôr do sol, bebericávamos num barzinho da periferia de Havana. Tudo muito singelo a preço simbólico. Ao escurecer objetos voadores não identificados começaram a sobrevoar o bairro, piscando luzes alucinantes. Assistimos performances acrobáticas inimagináveis. Tecnologia de ponta. Acometeu-nos o receio de um ataque aéreo imi-

nente. As bombas voadoras não distinguiriam os guerri-
lheiros dos visitantes a serviço dos negó-
cios internacionais. Orai por nós!

A freguesia cubana logo percebeu a aflição da rapaziada tupiniquim. Alguém explicou tratar-se de saté-lites espiões a fotografar tudo a toda hora, por conta do Pentágono. Ninguém ligava. Ninguém seria atingido.

A viagem de volta pra casa aconteceu com escala no Peru. Assentei-me num Topolev que transpor-tava operários soviéticos com destino a um navio de pesca ancorado no pacífico. Serviço de bordo não existia. Cada passageiro portava a própria alimentação, armaze-nada em caixas de isopor. Ouvi em espanhol que, na vol-ta, aquela aeronave ficara retida no aeroporto de Moscou cerca de 48 horas por causa da neve. Cumprida a espera da escala em Lima, a Varig (Viação Aérea Rio-Grandense) nos repatriou, esbanjando glamour das comissárias de bordo. Comida sofisticada a preços e bolsos de primeira classe.

Décadas se passaram. A economia cubana abalara-se com a desconstituição da principal parcei-ra, União das Repúblicas Socialistas Soviéticas (URSS) em 1991. O embargo econômico norte-americano espezi-nhou com uma violência canalha. A fome apertou. O sonhado polo industrial frustrou-se.

A vida era extremamente difícil. O regime socialista foi questionado nas próprias entranhas. Um plebiscito o manteve em vigor. (As grandes reformas só ocorreriam com a nova Constituição de 2018).

Voltei a Cuba em janeiro de 2016 para participar do 10º Congresso Internacional de Educação Superior, instalado com o propósito de se buscar novas experiências para construção de uma universidade inovadora para o desenvolvimento humano sustentável. Encontrei um país bem diferente. Surpresa agradável.

O primeiro impacto: uma sequência de hotéis cinematográficos, com a bandeira de grandes empresas internacionais. Luzes multicores alumiavam as praias paradisíacas. Obra de investidores parceiros do estado cubano, inclusive brasileiros. Não são proprietários de nada. Participam apenas dos lucros.

O turismo tornou-se a segunda principal fonte de renda do país, só superada pelas importantes pesquisas na área da saúde e pela produção de remédios e vacinas eficazes, em contraponto aos interesses comerciais dos laboratórios privados mundo afora. Fabrica-se vacina contra câncer de pulmão.

Hospedei-me numa casa do programa "Renta

Habitación". Mantive conversa franca com os hospedeiros Raul Hernandez e Luiz Caballero, veteranos da revolução socialista. Entrevistei-os em vídeo. Abriram as portas para dezenas de depoimentos de trabalhadores, professores e estudantes, que contaram a própria formação educacional. Repeti a dose com brasileiros. Resultou num documentário cinematográfico com o título "Do Malecón ao Paranoá. Notícias da educação". Parceria com a Juliana Gobbe e Fábio Andrade. Estreia marcada para, 2 de abril de 2020, na Faculdade de Educação da Unicamp, adiada *sine die* em razão da pandemia da Covid-19.

Pois bem, a população cubana como um todo continuava com fácil acesso a excelente assistência médica e hospitalar e, com direito à educação de alta qualidade.

Lindo de ver o centro de Havana reurbanizado com bom gosto. O Capitólio irradiando as luzes de esplendor. O museu da revolução emocionando tantos, quantos aplaudem a luta contra a tirania do capital bestafera.

Claro, ainda há muito por construir. Trata-se de um país-ilha pobre de recursos naturais, perseguido pelas forças mais poderosas do mundo. Mas, o milagre se perpetua.

Contar a experiência cubana me faz acreditar no Homem. Os predadores da vida no planeta são poucos. Conta-se apenas um por cento. Esses tais detêm o dinheiro acumulado de juros, sobre juros. Querem mais e mais. Um colapso os espera.

Depois da pandemia deste 2020, com as economias neoliberais, já antes e, depois destroçadas, vislumbram-se saídas por caminhos coletivos solidários. É preciso acabar definitivamente com os sustos. A humanidade nasceu para viver feliz e tranquila. A torcida é grande. Participe você também.

Gilberto Sant´Anna

Advogado, articulista, professor universitário, escritor, político. Foi prefeito da cidade de Atibaia, estado de São Paulo, Brasil, entre 1983 a 1988.

O último reduto

Qualquer saída individual no capitalismo é alienação.

Angela Davis

Ao ganhar o Nobel de literatura em 1982, o escritor colombiano Gabriel Garcia Márquez fez um longo discurso contemplando a solidão da América Latina, esse aspecto secular, caracterizado pela exploração e assimilação da cultura imposta pelos dominadores. Uma espécie de condição que nos aparta de tudo aquilo que um dia pretendeu-se como soberania de uma criação cultural negada e destruída pelo império. Assim é nossa triste história. Um ir e vir dos antigos /novos mercadores na chamada globalização ou mundialização no processo de esgotamento de recursos naturais, em nome de um mundo *financeirizado* e disposto a aterrar qualquer sentido mínimo de dignidade para 99% da população. A misoginia e xenofobia lançam seus dados e declaram guerra em relação a tudo e todos que fogem de um padrão normatizador de conduta e servidor de tapete debaixo das grossas botas do capitalismo.

À esquerda do imperialismo encontra-se uma

ilha chamada Cuba. Na esteira das visões estereotipadas da ideia de paraíso ou inferno está um país, que em 1959 rompeu com seu passado colonizado e abriu definitivamente as portas de uma nova época. Desde então, ocorreram avanços sociais, jamais imaginados para um lugar conhecido como quintal dos EUA e, fonte de intenso turismo sexual nos idos do século passado.

Entre erros e acertos, o trabalho coletivo forjou amplas condições de existência para o seu povo em meio a um bloqueio econômico, cláusula pétrea para o fortalecimento do imperialismo e a defenestração do socialismo, colocado pela grande mídia ao mundo como "ditadura", sendo que o capitalismo passa a ser considerado como o grande sistema. Nele, a imprensa e os monopólios controlam nossas vidas, mas aqui não se trata de maneira alguma de uma espécie de ditadura, só um modo característico de ditar os caminhos da nossa irrelevância perante o modus operandi.

Em Cuba não há problemas? Se a ingenuidade e uma espécie de visão romântica forem nossas primeiras guias, a resposta é NÃO. Cuba seria uma espécie de varanda com vista para o mar nos trazendo a possibilidade de ler Marx e passear tranquilamente pelo Malecón. Ocorre que nossos estudos e olhares não podem deixar de perceber a complicada situação geopolítica da ilha, a sempre necessária importação de muitos produtos.

A derrocada da União Soviética em 1991 deixou o país órfão de apoio institucional, econômico e político. Cuba ao passar dos anos recobra seu fôlego, investe no turismo, estabelece duas moedas: CUP (Peso Cubano) e CUC (Peso Conversível) para o fortalecimento de sua economia através da prática turística.

Uma outra situação preocupante é a ocorrência do chamado *cuentrapropismo*, espécie de trabalho por conta, que ameaça frequentemente seus praticantes com os modelos de individualismo, a ânsia pelo famigerado caráter empreendedor da nossa frágil sociedade capitalista. Todos estes senões encontram-se na pauta do socialismo em construção. Cabe ao tempo e a um povo com extremo senso de soberania popular, os ares dados aos novos caminhos para a revolução.

Nas comunidades dos países periféricos do capitalismo estão os jovens com seus celulares, roupas de marca e tantas outras traquitanas tecnológicas. No entanto, a escola pouco lhes oferece, a saúde menos ainda. Somos mendigos do *ethos* de uma civilização de horizonte avançado em conhecimento.

Em Cuba as roupas são simples, a tecnologia

escassa, mas qualquer pessoa pela rua fala três ou quatro idiomas. A saúde é o grande arauto do governo cubano ao mandar seus médicos para o mundo todo. As escolas são marcadas pela assimilação dos conteúdos construídos historicamente pela humanidade.

Como diria José Martí, "a melhor maneira de ser livre é ser culto". Nesse quesito, Cuba marca seu trajeto pelo mundo, pois o humanismo desse povo, nos amarra ao chegar em Havana e caminhar por suas ruas encampadas pelo lastro da solidariedade. Aprendamos com a ilha!

Juliana Gobbe é escritora, doutoranda em Filosofia e História da Educação pela Unicamp. Fundadora em Atibaia do Coletivo Abraço Cultural. Desenvolveu Fóruns de Leitura. Tem 2 documentários produzidos e atuação como pesquisadora no International Institute of Social History em Amsterdã na Holanda.

Vas
bien
Fidel

Vuelve pronto amigo